# La cucina nel Trecento: umori, spezie e miscugli

## Umori e abbinamenti

*"Tutti i corpi nascono dal temperamento delle quattro qualità
caldo, freddo, secco e umido,
e quindi ognuno deve considerare
bene il suo temperamento se vuole mantenersi in salute".*

Galeno, *De naturalibus facultatibus*

**Cuoco e medico nel Medio Evo: l'eredità di Ippocrate e Galeno**

Entrare nel pensiero medievale presuppone la visione totale dell'essere umano e la comprensione della sua natura fisica attraverso i quattro classici elementi: Aria, Acqua, Terra e Fuoco.

Fin dai tempi di Galeno, sulla scorta del Corpus Hippocraticum, si considerava che tutto, in natura, venisse dall'abbinamento delle qualità, caldo e freddo da un lato, secco e umido dall'altro, e che la combinazione dei quattro elementi con le quattro qualità, in quantità variabili, determinasse il "temperamento" degli esseri umani attraverso gli agenti umorali della fisiopatologia del tempo: sangue, flemma, bile gialla e bile nera. I caratteri stessi degli uomini erano il risultato di queste combinazioni che, proporzionate qualitativamente e quantitativamente – pure se in modo diverso per ogni periodo dell'anno –, garantivano buona salute. L'equilibrio fra gli umori, o *crasi*, era garanzia di buona salute, mentre qualsiasi alterazione, o *discrasi*, causava malattie.

**I padri della teoria umorale, Ippocrate, Galeno e Avicenna
in un'incisione del primo Quattrocento
(da un Canone della Medicina di Avicenna)**

Secondo tale teoria, comunemente accettata dalla medicina occidentale dalla tarda antichità fino al XVII secolo, il temperamento *sanguigno* combinava calore e umidità e aveva l'essenza dell'Aria; il *bilioso* o collerico derivava dall'abbinamento di calore e secchezza e si manifestava nel Fuoco; le persone *flemmatiche* erano fredde e umide, come l'Acqua, loro elemento, mentre il temperamento *melanconico* univa freddezza e secchezza, le qualità della Terra.

I primi tre elementi (Aria, Acqua, Terra) erano fonte dei cibi dell'uomo e determinavano le sue qualità essenziali; l'ultimo elemento, il Fuoco, permetteva di modificare il temperamento degli alimenti attraverso la cottura, e li rendeva adatti al consumo umano.

Per tutto il Medio Evo, Galeno non fu ritenuto solo un grande medico e filosofo, ma la verità stessa.

Attraverso ogni possibile modificazione del temperamento, il medico medievale *("medicus physicus")*, la cui formazione si

3

basava sulla profonda conoscenza della *physus* ossia della natura, doveva identificare le malattie e curarle. Signori, nobili e facoltosi borghesi riponevano la loro fiducia in medici impiegati a tempo pieno al loro servizio, con la responsabilità di garantire che i temperamenti dei loro datori di lavoro e dei relativi familiari restassero stabili.

Nel Trecento, alla Facoltà di Medicina di Bologna (*"universitas medicinae physicae et naturae"*), la materia medica, esclusivamente speculativa e teorica, con un corpus di testi che prevedeva i fondamentali di Ippocrate e Galeno, filtrati dall'aristotelismo di derivazione araba (Avicenna, Averroé) e progressivamente rielaborati in veste cristiana dal tomismo, era trasmessa con pari dignità rispetto alla giurisprudenza, identificandosi con la *filosofia naturale*, ovvero la *"logica e filosofia della natura"*.

Il *"regime"* del Corpus Hippocraticum, nell'opinione dei medici, rappresentava uno degli approdi concettuali più alti raggiunti dall'arte, una delle acquisizioni più elaborate e complesse; per alcuni esso coincideva, addirittura, con l'arte stessa, in quanto la Medicina sarebbe stata proprio lo studio e l'esatta prescrizione del "regime", vale a dire di regole riguardanti la dieta alimentare (cibi e bevande), l'attività sessuale, il sonno, i bagni, il riposo e persino i pensieri e le riflessioni, considerati una forma di esercizio.

Inoltre, se tutte le cose avevano il loro temperamento particolare, anche i cibi dovevano avere il loro: quindi gli alimenti erano classificati secondo scale che andavano da caldo a freddo e, contemporaneamente, da umido a secco, in accordo con la teoria dei quattro umori corporali.

I principi che guidavano un cuoco del Medio Evo nella scelta di un cibo, di un gruppo di spezie o di un metodo di cottura, erano ben chiari, visto che il cuoco stesso doveva conoscere perfettamente il pensiero tradizionale sulla natura degli umori di ogni singolo alimento che gli passava tra le mani.

4

Di conseguenza, al cuoco spettava un ruolo fondamentale nel conoscere e rispettare le regole salutistiche della dietetica: non poteva certo improvvisare la sua arte.

LIBRO .XXVIII. [
TVRALE.DI.CAI(

RA
di t
ftaı
ĉta
cau
quɛ
uen
ori
noı
li p
dıı

lauita apena ſe uiuiamo in dolori & iː
perfeĉtione benche ſia pericholo che ː

**Medicus physicus in biblioteca, Storia naturale di Plinio il Vecchio**
**(Bodleian Library, Oxford, 1476)**

Nel 1268, a Parigi, gli statuti della corporazione dei cuochi prevedevano norme precise anche per l'apprendistato. Nella prefazione del ricettario inglese *The forme of cury*, i cuochi di Re Riccardo II specificavano che la raccolta di ricette era stata compilata *"con l'assenso dei maestri medici di fisica e di filosofia naturale"*. Se oggi siamo incerti se definire l'attività del cuoco un'arte o una tecnica, Chiquart, cuoco del duca di Savoia, nel primo Quattrocento non aveva esitazioni quando dovette definire il suo lavoro, e scriveva al suo signore, il duca, che, nella qualità di capocuoco presso la sua corte, egli esercitava sia un'arte che una scienza.

Il rapporto logico tra medicina e cibo nel Medio Evo emerge anche dalla compresenza, in diversi manoscritti, di trattati medici e ricettari di cibi. Alcune volte è evidente che la persona che ha ordinato la compilazione o la copiatura di un manoscritto, sia che si

5

trattasse di un medico, sia che fosse un nobile, non vedeva motivo di distinguere tra argomento medico e culinario. Del resto, come ha precisato anche Franco Cardini, il termine *"ricetta"* ha il medesimo significato medico e gastronomico: in questo senso, il cuoco era anche medico, e viceversa, e la Medicina come disciplina si costituiva anche e soprattutto in campo dietetico.

Appare quindi evidente come sia fuori luogo cercare oggi creatività individuale nelle composizioni delle ricette dei cuochi medievali: *"le sperimentazioni c'erano, ma erano legate alla fisiologia del cibo e non al suo gusto"*[1].

## Qualità dei cibi e "regime" ippocratico

Si è visto come i medici ippocratici ritenessero di avere compiuto le migliori scoperte terapeutiche nell'arte della dietetica. Per trarre dal cibo giovamento e buona salute, bisognava nutrirsi a seconda del proprio umore e scegliere ciò che più piaceva e si addiceva ad esso. Ogni cambiamento, accidentale o deliberato, poteva essere innocuo o benefico.

I pensatori medievali procedevano per associazioni analogiche: la loro visione totalizzante della natura e del mondo tracciava uno schema, ripreso fedelmente dalla medicina antica, di corrispondenze tra i quattro elementi, le loro qualità, gli umori, le età dell'uomo, i temperamenti, le parti del giorno, le stagioni e i punti cardinali.

FLEMMA-VECCHIAIA-TEMPERAMENTO FLEMMATICO-INVERNO-
SETTENTRIONE-ACQUA (FREDDO E UMIDO)
BILE NERA-ETA'VIRILE-TEMPERAMENTO MALINCONICO-AUTUNNO-
OCCIDENTE-TERRA (SECCO E FREDDO)
BILE GIALLA-GIOVINEZZA-TEMPERAMENTO BILIOSO-ESTATE-MERIDIONE-
FUOCO (CALDO E SECCO)
SANGUE-INFANZIA-TEMPERAMENTO SANGUIGNO-PRIMAVERA-ORIENTE-
ARIA (UMIDO E CALDO)

---

[1] Franco Cardini, *Per una storia a tavola*, Firenze 1994

estate
mezzogiorno
gioventù

primavera
mattino
infanzia

SANGUIGNO
sangue

caldo
ARIA
umido

COLLERICO
bile gialla

FLEMMATICO
flegma

FUOCO
ACQUA

secco
TERRA
freddo

bile nera
MELANCONICO

autunno
sera
maturità

inverno
notte
senescenza

Quanto più un alimento era temperato, ovvero di caratteristiche intermedie tra i quattro umori, tanto più era equilibrato e salutare, e siccome anche gli alimenti inclinavano quasi sempre ad un umore, taluni in misura eccessiva, il loro squilibrio andava bilanciato con ingredienti di segno opposto: l'alimentazione e la salute diventavano una questione di composti, di miscugli, di modalità con cui, combinando sostanze diverse, dotate di temperamenti differenti, si cambiavano non solo i cibi, ma anche le persone.

Nel tardo Medio Evo, la natura, divisa nei suoi quattro elementi, veniva classificata seguendo un ordine gerarchico ascendente/discendente, per il quale ogni animale o pianta era più nobile di quello collocato sotto e meno nobile di quello sopra nella gerarchia.

o  Al di sotto della *terra* erano i bulbi sotterranei (cipolla, aglio, scalogno, ecc.), seguiti dalle radici (carote, rape); poi emergevano le piante erbacee (spinaci e cavolo), quindi veniva la frutta, tra cui la più nobile era quella degli alberi.

7

o Nell'*acqua* si trovavano dalle spugne ai delfini, passando per i piccoli e i grandi pesci; nell'*aria* il percorso verso la nobiltà partiva dalle anatre, le oche e i volatili acquatici, passava per i capponi e i polli, poi arrivava agli uccelli canterini e finiva con le aquile e i falchi.

o I quadrupedi, non legati alla terra come i vegetali, ma neanche all'aria, erano collocati al centro della catena naturale e divisi in una gerarchia che progrediva dal maiale alla pecora fino al vitello, la cui carne era seconda solo a quella dei volatili.

Gli alimenti, che condizionavano le associazioni degli umori, dovevano variare in base alle stagioni: solo per fare qualche esempio, da maggio a luglio era consigliabile consumare cibi freschi e carni bianche, da agosto a ottobre cibi piccanti e acidi, da novembre a gennaio il pane, le carni lesse e poche verdure, da febbraio ad aprile verdure e carni arrosto.

Il cibo ideale era considerato quello che più si avvicinava alla composizione di umori dell'essere umano, ovvero moderatamente caldo e umido. Gli alimenti di preferenza dovevano essere tagliati in piccoli pezzi, macinati, pesati e modificati per ottenere la miglior fusione di tutti gli ingredienti. Tutte le carni subivano comunque una lunga cottura, poiché si pensava che questa favorisse la loro digeribilità.

Un uomo con una costituzione fredda e secca doveva assumere spezie (calde) e carne (bagnata), mentre un individuo caldo doveva evitarle, perché avrebbero aggravato la sua predisposizione agli umori collerici. Un uomo anziano, freddo e secco, avrebbe tratto beneficio da un po' di carne leggermente insaporita da spezie dolci, quali cannella e zenzero.

I formaggi stagionati, i cibi grassi e le noci venivano proibiti ai gottosi e agli epilettici, mentre i depressi dovevano evitare le carni fritte, i cibi salati e il vino forte, prediligendo il latte di mucca e di mandorla, i rossi d'uovo, le carni bollite.

L'impiego del pepe non era buono per i sanguigni o collerici, perché il pepe scioglie e asciuga il sangue (era ritenuto responsabile di malattie esantemiche). Lo pseudo-aristotelico *Secretum Secretorum*, o *Liber moralium de regimine regum principum ac dominorum*, che affianca consigli di strategia politica a suggerimenti alimentari, redatto sulle antiche basi aristoteliche in epoca medievale e poi tradotto in varie forme e lingue e letto allora da un vasto pubblico, consiglia *"per gli uomini giovani, una dieta abbondante, umida; per gli uomini, anziani, una dieta moderata e calda"*.

Il "regime", nel Corpus Hippocraticum, era scienza della salute e strumento di terapia. Come si è detto, *"regimen"* divenne termine di così larga applicazione da non riguardare solo il cibo, ma, in senso lato, la mentalità dell'uomo e le condizioni della sua esistenza. Il grado di precisione raggiunto dalle prescrizioni relative a cibo, attività fisica, sonno, vita sessuale e costumi venne criticato da Platone nel Libro III della *Repubblica,* che, contestando il medico Erodico di Selimbria, ebbe a scrivere che i precetti ippocratici assorbivano al tal punto l'attenzione del cittadino da distrarlo dai suoi doveri più importanti.

Ecco alcune prescrizioni di base del Corpus Hippocraticum, tramandate per secoli e secoli diffusamente, ed ispiratrici di moltissimi manuali della salute, fino alle soglie del Settecento, che esemplificano le qualità degli alimenti, la loro stagionalità e l'influenza sulla natura umorale dell'uomo:

**La cucina, *Tacuinum sanitatis*, fine sec. XIV
(Roma, Biblioteca Casanatense, Ms 4182)**

*La gente normale dovrebbe tenere un regime siffatto.*
*In inverno mangiare il più possibile e bere, invece,*
*pochissimo. Bevanda dovrebbe essere il vino, puro il più possibile;*
*alimento, invece, il pane ed ogni tipo di carne arrostita; verdure il*
*meno possibile in questa stagione.*
*Così il corpo sarà molto asciutto e caldo.*
*Al sopraggiungere della primavera bisogna bere di più, molto*
*annacquato e poco per volta, mangiare cibi più delicati e in minor*
*quantità, sostituire il pane con la focaccia d'orzo, allo stesso modo*
*diminuire anche la carne, preferirla bollita anziché arrostita,*

*mangiare poche verdure in questa stagione per prepararsi
all'estate; mangiare tutti cibi delicati, carni bollite, verdure crude
e bollite. Si beva il più diluito e il più abbondantemente possibile,
facendo attenzione che il mutamento non sia grande, ma si verifichi
a poco a poco, non all'improvviso.*

*In estate: delicata focaccia d'orzo, bevanda annacquata e
abbondante, carni tutte bollite. Questi sono i cibi di cui far uso in
estate perché il corpo diventi freddo e molle. La stagione infatti è
calda e secca e rende i corpi ardenti e asciutti; bisogna dunque
proteggerli attraverso le pratiche di vita.*

*E come ci si prepara al passaggio dall'inverno alla primavera,
così, allo stesso modo, ci si deve preparare a quello dalla
primavera all'estate, diminuendo il quantitativo dei cibi,
aumentando le bevande. Ugualmente, facendo le operazioni
contrarie, ci si prepara al passaggio dall'estate all'inverno.*

*In autunno si mangi di più, cibi più asciutti e carni in
proporzione, si beva meno e più puro, così che l'inverno possa
essere favorevole e l'uomo possa far uso di bevande purissime, ma
in scarsa quantità e di cibi quanto più abbondanti e secchi
possibile. Così, infatti, rimarrà assolutamente sano e patirà
pochissimo il freddo. La stagione, infatti, è fredda e umida.*

*La carne in salamoia è meno nutriente, perché il sale la priva
dell'umido, ma dissecca, asciuga e si elimina sufficientemente
bene.*

*Così si diminuiscono e si aumentano le proprietà di ciascun
alimento, tenendo ben presente che tutta la realtà, animali e piante,
si compone di fuoco e acqua, da essi viene accresciuta ed in essi,
poi, termina. Si toglie la forza agli alimenti forti, bollendoli spesso
e poi raffreddandoli; si sottrae l'umidità a quelli umidi
arrostendoli ed abbrustolendoli; si diminuisce la proprietà di quelli
secchi inumidendoli e bagnandoli; di quelli salati inumidendoli e
bollendoli; di quelli amari ed aspri mescolandoli bene con alimenti
dolci, di quelli astringenti mescolandoli bene con alimenti grassi.*

*E' necessario, quindi, a partire dalle cose già dette, conoscere
tutto il resto.*

*Gli alimenti arrostiti o abbrustoliti sono più astringenti di quelli crudi, perché il fuoco ne elimina l'umido, il succo ed il grasso. Quando, dunque, giungono allo stomaco, ne attirano a sé l'umido, e infiammano gli ingressi delle vene, seccandole e riscaldandole sì da chiudere i passaggi per i liquidi. Tutto ciò che proviene da regioni povere di acqua, secche e soffocanti, è più secco, caldo e procura maggior forza al corpo, perché, a parità di peso, è più pesante, denso e nutriente di ciò che proviene da regioni umide, irrigate e fredde ed è, quindi, più umido, leggero e freddo. Non bisogna, dunque, solamente conoscere la proprietà caratteristica di cereali, bevande e carni, ma anche quella della regione da cui essi provengono. Quando si voglia somministrare al corpo un nutrimento più forte, fermi restando gli stessi alimenti, bisognerà servirsi di cereali, bevande e carni delle regioni povere di acqua; se, invece, si vuole un nutrimento più leggero ed umido, si ricorra a quelli delle regioni ben irrigate.*

*Gli alimenti dolci, acri, salati, amari, aspri e carnosi, per natura riscaldano, sia secchi sia umidi. Quelli che hanno in sé una porzione maggiore di secco, riscaldano e seccano.*

*Quelli che, invece, ne hanno una maggiore di umido, riscaldano, inumidiscono e si eliminano molto più di quelli secchi. Fornendo al corpo un nutrimento maggiore essi creano una revulsione verso lo stomaco e, inumidendo, sono eliminati facilmente.*

*I cibi e le bevande che riscaldano, seccano perché non producono né saliva, né urina né feci; essi asciugano il corpo per questi motivi: il corpo, riscaldandosi, si svuota dell'umido, in parte a causa dell'alimentazione stessa, in parte perché consumato per nutrire il caldo dell'anima, in parte perché, riscaldato ed assottigliato, fuoriesce attraverso la pelle.*

*Gli alimenti e le bevande più utili per il corpo, quelli che sono assolutamente sufficienti al nutrimento ed alla salute, se non vengono impiegati nel momento opportuno o se invece lo sono in quantità maggiore dell'opportuno, causano malattie e, in seguito ad esse, morte.*

*Tutti i cibi e le bevande che non hanno simile capacità giovano poco, anche se vengono assolutamente impiegati al momento opportuno e, ugualmente, danneggiano poco. In entrambi gli aspetti sono deboli:*
*sia nel giovare sia nel nuocere. I cibi e le bevande che possiedono la capacità suddetta sono pane, focaccia d'orzo, carne, pesce, vino, chi più, chi meno[2].*

## Medicina e cucina nel Trecento a Milano: il *Regimen sanitatis* di Maino de' Maineri

Anche il medico milanese Maino de' Maineri (*"Magninus mediolanensis"*) compose un manuale sulla salute, dedicando molte delle sue pagine all'analisi delle proprietà fisiche degli alimenti e dimostrando come il cibo fosse il pensiero centrale dei medici medievali. Il suo *Liber regiminis sanitatis*, scritto presumibilmente in Francia attorno al 1330, è l'esempio di un buon compendio delle teorie sull'alimentazione del Trecento.

Maino nacque a Milano tra il 1290 e il 1295, in un'antica famiglia lombarda, ricca di beni feudali e allodiali nel Comasco e nel Lodigiano. Già *magister artium* dello Studio parigino, tra il 1325 e il 1326 vi conseguì il baccellierato in medicina. Soggiornò a Parigi fino al 1336, quando probabilmente seguì il vescovo di Arras Andrea Ghini, suo protettore, nella nuova sede episcopale di Tournai, nelle Fiandre. Dopo la morte del vescovo, Maino fece ritorno nella città natale, entrando nel 1346 al servizio della corte dei Visconti. Medico di Luchino, *"Magister Maynus physicus"* ebbe casa a Porta Ticinese a Milano e fece parte della più stretta cerchia dei cortigiani del duca; alla morte di Luchino, fu medico di Giovanni e in seguito di Galeazzo e Bernabò Visconti, arrivando a percepire, come segno della stima di cui godeva a corte, un cospicuo stipendio in fiorini d'oro.

---

[2] *Corpus Hippocraticum*, T63 (*Regime salutare*, 1-2) , da S.Giurovich: *"Problemi e metodi di scienza ippocratica"*

Il *Liber regiminis sanitatis*, dedicato al vescovo di Arras, è suddiviso in cinque parti. Nella prima Maino analizza il concetto di *sanitas*, mentre le successive sezioni, seguendo la falsariga di molti altri manuali del suo tempo e delle generazioni precedenti, espongono le regole per il mantenimento della salute e i diversi *instrumenta* a disposizione dei medici.

**La bottega del macellaio, *Tacuinum sanitatis*, fine sec. XIV
(Roma, Biblioteca Casanatense, Ms 4182)**

La parte terza dell'opera si apre con l'affermazione che la nostra salute è necessariamente determinata dalla esposizione a uno o all'altro dei quattro elementi che compongono ogni cosa nel mondo: noi siamo quello che mangiamo. Seguono poi i capitoli sui diversi gruppi di cibi, nella maggioranza dei quali Maino si sforza di fare una graduatoria di cibi e bevande, di cui descrive le qualità e indica la rispettiva "desiderabilità" per il sostentamento umano. I capitoli dal 10 al 21 consistono in una elencazione precisa di tutto quanto una persona dell'epoca poteva mangiare, dai cereali ai prodotti animali (latte, formaggio e uova), dai miscugli di erbe e spezie (vale a dire salse e condimenti) alle bevande.

Il maiale era visto in genere come freddo e umido, atto a generare umori flemmatici e quindi adatto ad essere corretto con le spezie. Maino consiglia solo gli animali di un anno o due d'età, aggiungendo che si dovrebbe comunque preferire il maiale selvatico, cioè il cinghiale, ai suoi parenti domestici. Distinzioni di questo tipo tra animali giovani e vecchi e tra carni domestiche e selvatiche erano note a quell'epoca a chiunque si occupasse di cucina o medicina. Se già i suini erano di natura fredda e umida, e i piccoli, di ogni razza, tendevano ad essere più umidi degli adulti, si sarebbe dovuto preferire il maiale che aveva avuto il tempo di seccare leggermente con l'età, senza però essere diventato troppo vecchio, poiché (e questo è un altro assioma generale), i capi vecchi di ogni specie diventano per loro natura progressivamente sempre più secchi. Anche solo guardando molti anziani, i giovani del Medio Evo potevano vedere l'ovvia evidenza di questi principi! Procedendo per associazioni analogiche, Maino arrivava a molte altre conclusioni sui suini selvatici: essi facevano più movimento ed erano maggiormente esposti al sole, perciò la loro natura tendeva generalmente a essere più calda e secca di quella dei loro parenti domestici (la specie suina era generalmente di natura fredda) e rendeva il consumo del maiale selvatico preferibile al domestico come fonte di nutrimento umano.

Il manzo, freddo e secco, era adatto alle spezie, ma bisognoso di essere bagnato. La carne di capretto era assolutamente pregevole. La carne di cervo, molto secca, doveva essere lardellata prima della cottura, per rialzare il suo scarso contenuto umido: era comune lardellare e bollire vitello, cervo, lepre e coniglio, le cui carni tendevano all'aridità; spesso a lardellatura e bollitura veniva fatta seguire un'arrostitura essiccante.

I polli, i capponi e i pulcini erano raccomandati come cibo, a causa del calore moderato e della moderata umidità delle loro specie, ma dovevano essere grassi: è frequente l'indicazione, nei ricettari del Trecento, di scegliere polli e capponi grassi. Per logica, le femmine erano generalmente più umide dei maschi della stessa specie: castrando un gallo si provocava quel processo di essicazione che naturalmente iniziava a partire dalla gioventù e faceva sì che un vecchio cappone fosse accettabile solo se grasso, vale a dire se aveva conservato l'umidità presente nella sua carne. Per ogni animale giovane, con carne naturalmente umida, la castrazione ed il conseguente ingrassamento avrebbero mantenuto l'umidità della gioventù; questo avrebbe reso la sua carne preferibile, mentre quella dell'animale maschio, con l'avanzare dell'età, si sarebbe fatta troppo secca per essere considerata un cibo sano. Il montone castrato, ad esempio, era una fonte di cibo stimata, soprattutto se giovane. Scrive Maino: *"La carne di questi castrati è sana e migliore di quella degli agnelli; è appunto considerata calda e umida, con tendenza al temperato, mentre quella d'agnello è più umida che calda. Non mangiate mai la carne di montone, non soltanto perché la sua carne non è di alcun giovamento, ma perché è molto nociva"*.

Si riteneva che ogni creatura assumesse l'umore dell'elemento in cui viveva, e dovesse quindi essere condita e corretta: la selvaggina da piuma, ad esempio, era considerata tiepida e piuttosto secca, per via del suo volare nell'aria, secca e calda, ed un rimedio comune era l'aggiunta di una purea di piselli, fresca e umida. Per la stessa ragione, veniva mangiata di rado con le spezie, almeno non senza qualche elemento rinfrescante per bilanciare. Tuttavia Maino affermava che all'interno della classe degli uccelli selvatici, si trovava una grande quantità di temperamenti e il cuoco avrebbe dovuto essere a conoscenza di queste differenze: *"Alcuni uccelli sono di complessione temperata, mentre altri sono lontani dalla temperanza"*. Tra i volatili, dopo il fagiano, i migliori e preferibili erano gli uccelli acquatici, come le anatre.

I pesci, prendendo dal loro elemento originale, l'acqua, fredda e umida, arrecavano umori amari, e quindi particolarmente adatti ad essere corretti da spezie. Veniva consigliato di mitigare la natura umida del pesce con spezie che avevano caratteristiche di secchezza, come cannella, zenzero e chiodi di garofano. Secondo Maino, il delfino era un "*pesce* (sic) *bestiale*", freddo e bagnato, che richiedeva una salsa al pepe particolarmente forte. Simili preoccupazioni condizionavano anche la preparazione di altri prodotti del mare ancora più umidi e freddi, come molluschi e anguille. Essi facevano parte di quei cibi resi pericolosi per il consumo umano a causa dei loro gradi eccessivi di freddezza o secchezza, o di altro genere, e che dovevano essere sottoposti a contromisure. La lampreda, per quanto considerata alimento da ricchi, era potenzialmente nociva per via dei suoi umori velenosi e della sua difficile digestione, e non veniva mai consumata senza una correzione (marinatura in vino bianco, erbe aromatiche e molte spezie). Definita dai medici umida e fredda in secondo grado, quindi di temperamento marcatamente flemmatico, doveva essere corretta già nel momento in cui veniva uccisa, cosa che si prese a fare tenendola immersa nel vino, in modo che questo liquido caldo e secco (al secondo grado) potesse penetrare in tutte le sue parti e dare inizio immediatamente al processo necessario per temperare le sue qualità indesiderabili.

Maino metteva in guardia: "*Con tutto il rispetto dovuto agli appassionati della lampreda, questo pesce è molto pericoloso, anche se in bocca è saporito. Esso è nell'acqua l'analogo del serpente sulla terra e perciò si deve temere che sia velenoso... E così, a causa della sua viscosità, è bene che essa venga immersa ancora viva nel vino migliore e vi rimanga finché è morta, poi che venga preparata con una galantina fatta con le spezie migliori, proprio come i cuochi dei grandi signori sanno di doverla preparare. Io raccomando inoltre che prima sia bollita due volte in vino e acqua e poi cotta a puntino...*".

**Miniatura di origine milanese, Queste del Saint Graal,**
**banchetto, 1380-1385**
**(Parigi, Bibliothèque Nationale de France, Ms 343 fol.3r)**

Il trattamento successivo della lampreda morta comportava invariabilmente una cottura arrosto, calda e secca, e l'aggiunta di erbe o spezie calde e secche. Più o meno per le stesse ragioni, si raccomandava che le anguille venissero uccise seppellendole nel sale.

Il latte era tra i cibi moderatamente caldi e umidi, ma si credeva che latte prodotto da animali diversi avesse proprietà diverse. Il tuorlo d'uovo era considerato caldo e umido, l'albume freddo e umido. L'acqua e la birra erano catalogate come fredde e umide e non particolarmente salutari; al contrario, si riteneva che un moderato consumo di vino, specialmente quello rosso, caldo e secco, aiutasse la digestione, producesse buon sangue e migliorasse l'umore. Pertanto veniva consigliato abitualmente come la bevanda più prestigiosa e salutare, soprattutto se allungato con acqua, perché la sua natura calda e secca si temperava quando veniva annacquato. Il vino bianco era considerato più freddo del rosso, e la stessa distinzione si applicava anche agli aceti.

Meloni, zucche e cetrioli erano cibi pericolosi, essendo così freddi e umidi da essere difficili da digerire: tendevano a creare putrefazione nello stomaco e a generare febbri croniche. Le pere crude, molto fredde, erano quasi sempre considerate nocive e indigeste: anche se cotte con cura, dovevano essere sempre corrette e mangiate con vino.

Il formaggio fresco era freddo e umido, quindi doveva essere consumato con cautela. Quello stagionato, più caldo, ma secco, in parte a causa del sale aggiunto, secondo Maino doveva essere evitato: in conclusione, si doveva scegliere un formaggio di media stagionatura.

Fondamentali per intervenire a correggere gli umori naturali dei cibi erano le diverse tecniche di cottura.

Arrostire, dal momento che il cibo veniva posto direttamente sulla fiamma, riscaldava e seccava i cibi. Bollire li riscaldava, anche se non con la stessa intensità dell'arrostitura, aggiungendo umidità, visto che la bollitura avviene attraverso il tramite di un liquido. La cottura in forno riscaldava e seccava moderatamente.

La carne di bue, ritenuta di natura particolarmente secca, doveva essere sempre bollita, mai arrostita. Il maiale, tanto umido quanto il manzo è secco, doveva sempre essere arrostito. Il pesce, freddo e umido, veniva in genere fritto, quanto meno nel primo stadio della sua preparazione.

**Cottura dei polli allo spiedo,** *Romanzo di Alessandro,* **XIV sec.
(Oxford, Bodleian Library, Ms 264)**

La maggior parte delle verdure, sia che si trattasse di foglie che di radici, veniva fatta a pezzi, tritata e cotta tramite bollitura. La logica di questo tipo di cottura era dovuta alla tendenziale secchezza dei vegetali, prodotti della terra, che è appunto di natura secca: la bollitura apportava alle verdure l'umidità di cui in genere difettavano. I vari bulbi appartenenti alla famiglia della cipolla, invece, essendo umidi nel terzo e anche quarto grado – vale a dire il grado più pericoloso, che poteva essere addirittura mortale! – venivano in genere fritti, onde togliere loro una parte di umidità.

Poiché il contenuto umido di certi frutti quali mele, albicocche, ciliegie, datteri, uva, meloni, pesche, pere, prugne e zucche era considerato del secondo o terzo grado, quindi alto o addirittura estremo, essi venivano mangiati in genere solo dopo essere stati arrostiti o cotti in forno, oppure combinati con ingredienti la cui natura secca potesse contrastare in parte la loro eccessiva umidità.

Il significato delle torte di carne risiedeva anche nel fatto che il "guscio" di pasta di una crostata proteggeva l'umidità dei cibi dotati di un temperamento solo moderatamente umido (carni quali il vitello, il pollame e alcuni uccelli selvatici), evitando l'essicazione dovuta a una lunga esposizione al calore del forno. La naturale umidità di un cibo si poteva preservare anche nel solito modo, cioè aggiungendo del lardo nella crostata.

La dietetica del Trecento e del Quattrocento considerava la digestione un processo simile alla cottura. L'elaborazione del cibo all'interno dello stomaco era visto come il proseguimento della preparazione iniziata dal cuoco. Affinché il cibo fosse "cotto" in maniera appropriata e i principi nutritivi adeguatamente assorbiti, era importante che lo stomaco fosse riempito nel modo corretto.

I cibi facilmente digeribili dovevano essere consumati per primi, seguiti gradualmente dai piatti più pesanti. Era opinione diffusa che, non rispettando la sequenza, i cibi pesanti sarebbero sprofondati verso la fine dello stomaco, bloccando il condotto digerente in maniera tale che la digestione sarebbe stata estremamente lenta, con accumulo degli umori nocivi all'interno dello stomaco.

Prima del pasto, lo stomaco andava di preferenza aperto con un aperitivo (dal latino *aperio*, "aprire"), di natura calda e secca: cibi dolci e fruttati, accompagnati da bevande a base di vino addolcito e corretto con latte. Così come veniva "aperto", lo stomaco doveva essere "chiuso" alla fine del pasto con l'aiuto di un digestivo: di solito era un confetto, che nel Medio Evo consisteva in un cubetto di zucchero speziato (più frequentemente zenzero, semi di anice, finocchio o cumino) o in vino insaporito con spezie profumate e accompagnato da pezzetti di formaggio stagionato. Il pasto ideale avrebbe dovuto iniziare con della frutta facilmente digeribile, come le mele, e presentare poi via via verdure come lattuga o cavolo, frutta umida, carni leggere quali pollo o capretto con minestre e brodo. Dopo questi piatti avrebbero potuto arrivare le carni pesanti, come il maiale e il manzo, con altre verdure e frutta, tra cui le pere e le castagne, considerate difficili da digerire.

**Sapori peculiari del Medio Evo, abbinamenti e salse**

Componenti essenziali dei gusti gastronomici medievali erano, oltre alla cura nella preparazione di banchetti sontuosi e stupefacenti, la predilezione per i sapori agrodolci e l'utilizzo copioso delle spezie. Si può dire sinteticamente che la cucina del pieno Medio Evo si caratterizzasse per gli accostamenti inusuali dei suoi cibi. Il tipico gusto medievale, attorno al Trecento, derivava da alcune peculiarità:

1. Una predilezione per certi sapori, dati soprattutto, anche se non esclusivamente, da spezie ed erbe.
2. Abbinamenti oggi considerati insoliti tra cibi e condimenti.
3. Costante preoccupazione per l'aspetto esteriore dei cibi.

**Preparazione dell'agresto,** *Tacuinum sanitatis***, fine sec. XIV (Parigi, Bibliothèque Nationale de France, Ms Lat 9333)**

Al primo posto nei gusti del tempo erano vino, aceto, agresto e mosto, di uso universale, al punto che la grande maggioranza dei piatti o delle salse richiedeva un liquido di cottura costituito da succo d'uva in una delle sue possibile forme, fermentata o no. In quanto ingredienti aciduli, questi succhi venivano spesso abbinati al sapore dolce, per un contrasto molto apprezzato all'epoca.

I prodotti della vite, se conservati in modo opportuno, erano inoltre sicuri per il consumo umano: nessun altro liquido di cottura – men che meno l'acqua! – poteva competere con essi.

Come conseguenza di questa dipendenza da vino, aceto, agresto e mosto, i piatti medievali avevano spesso un gusto spiccatamente fruttato e acido.

Il mosto, succo non ancora fermentato d'uva spremuta, era soprattutto aromatico: veniva impiegato sia cotto (*"mosto cotto"*) sia come ingrediente base del *"vino d'ippocrasso"*, che si otteneva mescolando vino rosso di buona qualità a spezie tritate finemente (cannella, zenzero, galanga secca) e zucchero.

L'agresto era una conserva liquida, ma densa, a base di mosto d'uva, dal sapore acidulo, che si scioglieva in acqua o brodo. Conosciuto in realtà fin dall'epoca romana, si preparava con uve acerbe, raccolte nel mese di luglio e pestate in piccoli tini: il liquido ottenuto veniva lasciato fermentare al sole per qualche giorno o fatto bollire sino alla riduzione di un terzo e al raggiungimento di una consistenza densa.

Vino e aceto fornivano al cuoco dell'epoca un aiuto prezioso per modificare il sapore delle carni, dei pesci in salamoia e dello scapece, nonché delle salse di accompagnamento e dei brodi. Era il cuoco, come prescritto da molte ricette, che doveva giudicare la quantità di agresto o aceto da mettere in ogni piatto, in base al criterio di quanto il sapore aspro e pungente dovesse essere avvertibile rispetto agli altri aromi, comprese le spezie.

Dal Trecento, per la verità, i cuochi cominciarono a far ricorso anche agli agrumi per ottenere un gusto simile. Benché limette, limoni, cedri e arance (a quell'epoca le arance, i *melangoli* o *cetrangoli*, erano sempre amare) cominciassero a comparire nei

23

ricettari trecenteschi sotto forma di succo spremuto, aceto e agresto non furono mai detronizzati, ed ancor meno lo fu il vino.

Responsabile dell'altro aroma dominante della cucina del Medio Evo, e di conseguenza molto impiegata dai cuochi medievali, era la mandorla, benché fosse uno degli alimenti più insipidi. La preferenza derivava proprio dal fatto che il suo aroma ed il suo sapore erano decisamente blandi, e si abbinavano alla perfezione con tutti i cibi dolci o salati, rimanendo quasi inavvertibili, o si fondevano completamente con altri sapori delicati, come quello della carne di pollo, dei porri bolliti, dei cereali. Inoltre la mandorla aveva lo stesso vantaggio di durata dei succhi d'uva, sia come prodotto originario che nei suoi derivati: erano comuni l'olio ed il burro di mandorle, e soprattutto il latte, mentre mandorle tostate e/o tritate venivano utilizzate a profusione in cucina.

Il latte animale, per quanto in alcuni luoghi fosse più a buon mercato, non poteva assolutamente competere con la purezza e la freschezza del latte di mandorle. Inoltre latte di mandorle e briciole di pane costituivano un agente legante alla base di moltissime preparazioni, in particolare quando non era indicato il tuorlo d'uovo. Nelle cucine medievali grandi sacchi di mandorle, sgusciate e non, erano sempre a portata di mano; nel corso dei mesi la loro disponibilità non veniva mai meno e apparentemente non vi erano deterioramenti significativi nella loro qualità.

La cura per l'aspetto esteriore degli alimenti preparati raggiungeva l'apice alle mense dei potenti, ma, a partire dal Due-Trecento, si sviluppò anche sulle tavole più comuni. Presentazione e abbinamento di colori giocavano un ruolo importante, così come la raffinatezza nel farcire le carni, abbinando e sovrapponendo gusti, perché ogni cibo diventasse in pratica un connubio di alimenti. Era anche comune racchiudere in preparazioni di grande formato alimenti più piccoli, oppure inserire nelle carni disossate un misto di altre carni tritate con spezie o di carni e verdure. La superficie delle carni bollite o arrostite era spesso pennellata con tuorlo d'uovo e zafferano, che conferivano un bel colore dorato.

Per quanto riguarda poi i miscugli e gli abbinamenti, è palese come nel Medio Evo frutta, carni e pesce venissero comunemente mescolati, senza le nostre moderne perplessità. La sola condizione teorica era che il risultato del miscuglio possedesse un temperamento umorale utile e delle qualità sicure per chi li consumava.

Solo per fare alcuni esempi, la ricetta inglese nella *Forme of Cury* (1390) della *Tart de brymlent* [3] combina fichi, uvette, mele e pere con salmone, merluzzi o merluzzetti, oltre a prugne di Damasco snocciolate, disposte sulla preparazione proprio sotto la crosta finale.

Nel ricettario tedesco *Guter Spise*, scritto attorno al 1350, il piatto *Ein gut getrahte*[4] contiene una non meglio identificata carne bollita, pestata nel mortaio e incorporata insieme a un trito di uova fritte, mele acide, pepe e zafferano.

La *Vivanda ditta limonia*[5] descritta nel *Libro del cuoco* o *Anonimo veneto*, compilato tra XIV e XV secolo, abbina pollastri grassi, capponi, zucchero, arance, lardo, prugne selvatiche o prugnole, mandorle, spezie fini e zafferano. Nello stesso ricettario, ancora più sorprendente per il gusto moderno è la ricetta del *Brodo de polastri*[6], preparato aggiungendo all'acqua di cottura dei polli mandorle, acqua di rose, agresto e spezie come cannella, zenzero e chiodi di garofano: si raccomanda, al momento di servirlo in scodelle, di spolverizzare il brodo con zucchero, *"e serà bona vivanda"*.

---

[3] *Forme of Cury*, ricetta XX.VIII.VII (versione online http://www.gutenberg.org/cache/epub/8102/pg8102.html)

[4] *Das buoch von gouter spise*, ricetta 27 (versione online http://www.staff.uni-giessen.de/gloning/tx/bvgs.htm)

[5] *Libro del cuoco* o *Anonimo veneto*, sec. XIV, Biblioteca Casanatense, Ms 225 (trascriz. L.Frati, Livorno 1899, ricetta CXIX (versione online http://www.staff.uni-giessen.de/gloning/tx/frati.htm)

[6] *Libro del cuoco* o *Anonimo veneto*, ricetta VI (versione online cit.)

Anche il pesce era di frequente abbinato al sapore dolce: nelle ricette di magro, comparivano a volte pesci glassati o composti dolci amalgamati con brodo di pesce.

Un'ampia varietà di erbe, dalle più forti alle più dolci, veniva pestata, chiusa in un sacchetto di tela e immersa nel liquido di cottura delle carni.

**La raccolta delle mandorle,** *Tacuinum sanitatis* **di Ibn Butlan, manoscritto tedesco, fine sec. XIV (Parigi, Bibliothèque Nationale de France, Ms Lat 9333)**

Ricchissimo era il capitolo delle salse, che costituiva uno dei più importanti impieghi delle spezie nel Medio Evo e probabilmente il tratto più distintivo della cucina medievale.

Utilizzate per accompagnare la carne e spesso nominate in base ai loro colori (nelle ricette figurano la "salsa verde", la *"peverata negra"*, la *"salsa biancha"* e numerosi altri esempi), agre, dolci e soprattutto piccanti nel gusto, oltre agli scopi conservativi, correttivi ed esaltanti del sapore, ne avevano uno anche più raffinato, cioè quello di stuzzicare l'appetito. Il loro compito primario era tuttavia quello di correggere la *"malitia"* dei cibi, ossia il possibile effetto nocivo che derivava loro dall'inclinazione verso uno dei quattro umori. Venivano costruite attorno a poche ricette base, ma permettevano ai cuochi infinite varianti.

Una delle salse più antiche era quella al pepe nero, dal sapore pungente, smorzato con pangrattato e aceto. La variante più piccante era il *"pepe caldo"*, quella agra il *"pepe acido"*, con agresto e mele selvatiche. Alcune salse prendevano il nome dal cibo che erano solite accompagnare, come la *"coda di cinghiale"*, composta da agresto, vino, chiodi di garofano, zenzero e altre spezie.

Un personaggio dei trecenteschi *Racconti di Canterbury* di Geoffrey Chaucer, Franklin, così manifestava il gusto dell'epoca per le salse piccanti: *"Guai a questo cuoco, se la sua salsa non è pungente e tagliente..."*.

Nel *Liber de coquina*, risalente all'inizio del Trecento e considerato il più antico ricettario del Medio Evo italiano, forse redatto alla corte angioina di Napoli o, secondo una recente ipotesi della storica Anna Martellotti, ispirato addirittura a ricette della cucina di corte di Federico II, e quindi del secolo precedente, si confermano due delle più importanti peculiarità della cucina affermatasi nel Trecento:

1. L'uso abbondante delle spezie, fondato sulle già trattate tradizioni dietetiche e sulle valenze sociali.
2. La combinazione di sapori apparentemente inconciliabili per il gusto moderno, come, ad esempio, uva sultanina, pinoli, aceto e zucchero.

Solo per avere un'idea della sovrabbondanza di spezie che entrava nella preparazione delle salse, ecco, dal *Liber de coquina*, le ricette della *"salsa verde"*, della *"salsa camelina"* e della *"mostarda"*. Per la prima, entravano in gioco zenzero, cinnamomo, pepe, noce moscata, chiodi di garofano, oltre a prezzemolo e salvia in aceto o agresto. Per la seconda, molto diffusa, di colore bruno dorato (che derivava il nome dalla tinta del manto del cammello, forse per il fatto che le spezie che la componevano avevano passato molto tempo sul dorso di quell'animale durante la traversata araba), ci volevano cinnamomo, zenzero, pepe lungo, grani del Paradiso, noce moscata, cubebe. Per la terza, occorrevano senape, semi di anice, cumino, con zucchero, aceto, brodo per stemperare e mollica di pane per addensare.

*"Salsa uiridis hoc modo fit: accipe zinziber, cinamomum, piper, nucem muscatam, gariofilos, petrosillum atque saluiam. Terantur primo species, post herbe et ponatur tertia pars saluie et petrosilum [...]. Distemperentur aceto uel agresta".*

*"Salsa camelina hoc modo fit: accipe cinamomum plus aliis, zinziber, piper longum, grana parasidis, nucem muscatam, cubebe; et alias adde, si uis, species; que, peroptime trita in mortario, distempera cum aceto".*

*"Mustardam conficere poteris de granis tantum sinapi, aut de eruca. Et condire poteris ex appositione mellis uel sape. Alleatur uero cum uitellis ouorum decoctis ac zuccara. Que si ad pisces fuerit, distempera cum aceto; ad carnes, de agresta. Et est melior.*

*Confectio mustardi: accipe de aniso, et parum plus de cumino, et contere bene in mortario. Postea, appone plus de canella quam de zuccara, cum aceto distempera, et adde micam panis. Contere piper in mortario cum pane combusto madefacto, et distempera cum brodio carnium et uino uel aceto. Post, in potto paruulo uel pattella bulliri promite bene mouendo".*

L'*Opusculum de saporibus*, manoscritto della Biblioteca Nazionale di Napoli[7], è un altro trattato scritto nel Trecento da Maino dei Maineri, che trattava specificatamente delle salse. Diversamente dal *Liber regiminis sanitatis*, l'*Opusculum de saporibus* anticamente non venne pubblicato a stampa[8]. Appare scritto in fretta, con alcune espressioni poco chiare: tuttavia l'intento di Maino era quello di proporre ad un ignoto destinatario regole dietetiche e mediche rigorose in ossequio al sistema teorico all'epoca in voga sull'uso delle *"salse"* e dei *"savori"*.

Questi due termini, nella trattatistica e nella letteratura dell'epoca, vengono usati solitamente come sinonimi nel senso moderno di "salsa" ma, a una più attenta disamina del testo, si può notare una differenza sostanziale: il *savore* utilizza una componente del piatto che accompagna e spesso è cotto assieme a questo, mentre la *salsa* è elaborata a parte con ingredienti propri ed estranei alla pietanza che va ad insaporire.

Come già nel *Liber regiminis sanitatis*, anche nell'*Opusculum* Maino raccomanda una particolare attenzione ai periodi dell'anno, suggerendo l'uso di certi ingredienti al posto di altri a seconda delle stagioni, quali l'agresto d'estate al posto dell'aceto o le mandorle invece delle noci, o ancora variando la quantità di spezie utilizzate, minore nella stagione calda e più abbondante in quella fredda.

---

[7] *Opusculum de saporibus*, Napoli, Biblioteca Nazionale, *Mss.* VIII.D.35
[8] La sua pubblicazione si deve a Lynn Thorndike, *A medieval sauce-book*, Speculum Vol.9 N. 02 (Aprile 1934), pagg.183-90

**Les Très Riches Heures du Duc de Berry, Mese di Gennaio,
il banchetto:
in primo piano la ricchissima saliera, a forma di veliero
(1412-1416, fratelli Limbourg, Chantilly, Musée Condé)**

Maino spiega così le funzioni ed il significato delle salse: *"Gli allettamenti delle salse furono escogitati in principio dai golosi più per la ghiottoneria che per il benessere, visto che non sono indispensabili in una dieta sana, anzi talora fanno perfino male. Grazie alle salse, infatti, l'uomo finisce per mangiare più di quel che la sua natura richiederebbe e di quanto giovi alla salute. [...] Le salse, inoltre, hanno per lo più sapore di medicinali, che i luminari escludono dal regime delle persone sane perché la tutela della salute deve far a meno di ogni farmaco. Io sostengo dunque che in una dieta salutare non bisogna far uso di salse se non in minima quantità e per correggere l'effetto nocivo di taluni cibi o quanto meno temperarlo. Tuttavia, per chi difetta d'appetito, le* salse di questo tipo e quelle d'accompagnamento aiutano molto ad alimentarsi meglio e più volentieri perché non giovano solo all'appetito ma anche alla digestione... "[9].

Quanto all'uso stagionale delle salse, Maino prescrive: "*Nella morsa del freddo bisogna usare salse calde e viceversa, per cui gli ingredienti delle salse in estate saranno agresto, succo di limoni, arance, aceto, succo verde di acetosa e di racemi di vite, vino di melagrane, acqua di rose e pane arrostito bagnato in aceto o in altro dei succhi anzidetti e non vi si aggiungano in nessuna misura spezie calde se non forse in minima quantità, ma si può ben mettere un po' di serpillo o di prezzemolo per temperare gli ingredienti che ho rammentato. Al contrario, nella stagione in cui il freddo si fa stringente, le sostanze delle salse sono la senape, la rucola, lo zenzero bianco, il pepe, la cannella, il chiodo di garofano, l'aglio, la salvia, la menta, il serpillo, il prezzemolo, il brodo di carne e l'aceto non forte e prossimo alla natura del vino. Invece nelle mezze stagioni gli ingredienti delle salse devono essere intermedi... ".*

Passa poi a consigliare i vai tipi di salsa da accompagnare alle carni: "*La salsa per le carni bollite di castrato, vitello e capretto è la salsa verde che si fa così: prendi una parte di prezzemolo, un quarto di rosmarino, la quantità pari a un uovo di un pane arrostito, una dramma di zenzero bianco e dodici chiodi di garofano. Si prepari la salsa con aceto ma in estate vi si mettano meno spezie e in inverno di più. Inoltre d'inverno ci si aggiunga un pochino di vino o di aceto di quello meno forte. D'inverno può bastare anche senape dolce con vino cotto e poco miele o rucola con mandorle e aceto non troppo forte... ".*

La salsa per le carni bovine "*è una peverata allo zafferano*" oppure "*l'agliata bianca di noci, zenzero bianco e agli*".

---

[9] Traduzione italiana di Franco Maestrini sull'edizione elettronica della trascrizione dal manoscritto *Opusculum de Saporibus* ripresa da www.uni-giessen.de/gloning/tx/sapor.htm

Per i bolliti di carne di maiale *"è rucola e senape, ma se si fanno in crosta ci vanno messe spezie dolci e forti, agresto e lardo di maiale ben pestato nel mortaio"*. Gli arrosti di maiale vanno accompagnati con il sugo d'arrosto stesso *"sbattuto con un po' di vino e cipolle cotte e in inverno anche la salsa verde ricordata sopra..."*. I capponi e i fagiani bolliti si accordano con *"il loro brodo di cottura con spezie dolci in polvere"*, mentre per oche ed anatre arrosto *"la salsa adatta è la peverata nera composta di pane ben abbrustolito bagnato in aceto e fegato arrostito, pestati poi assieme e stemperati col loro sugo e agresto"*. Infine, *"riguardo ai pesci è da sapere che quanto più sono di carne pesante e di difficile digestione, di maggior superfluità e di natura umida, tanto più abbisognano di salse più calde e acute"*.

La tradizione popolare che affiderebbe alle spezie il compito di celare i cattivi odori dei cibi non più freschi, nata nel Settecento, è più che altro un mito, basato però su un nocciolo di verità: è vero infatti che l'assenza di refrigerazione portava carne e pesce a guastarsi facilmente e che l'intossicazione alimentare nel Medio Evo era un rischio reale, riconosciuto e poco compreso, soprattutto con il pesce nella stagione calda. In una celebre lettera, il chierico Pietro di Blois (1130-1203) si lamentava che persino alla corte del re Enrico II d'Inghilterra il pesce venisse servito vecchio, anche di quattro giorni.

Nel trecentesco *Racconto dei quattro uffici* del poeta francese Eustache Deschamps[10], dove i quattro uffici sono la Cucina, la Cantina, il Forno del Pane e la Salsamenteria, quest'ultima dichiara che le spezie non solo hanno un buon profumo, ma *"espellono la puzza e l'odore di molte carni"*, aiutando nel contempo la loro digestione:

> *La tua carne se ne andrà in malora*
> *quando non è cotta nella salsa.*
> *Chiunque mantenga la carne per due giorni,*

---

[10] Eustache Deschamps, *Oeuvres complètes*, Paris 1891, Vol.3 e Vol.7

*la troverà con un forte odore,*
*inseguita da mosche e parassiti.*

E' vero che, secondo la teoria umorale, il deterioramento degli alimenti non era altro che un eccesso di umidità, al quale si potevano contrapporre gli effetti riscaldanti ed essiccanti delle spezie. Non è però vero che le carni consumate nel Medio Evo fossero spesso poco fresche; al contrario, molti prodotti alimentari che finivano sulle tavole dei nobili erano di provenienza locale, quindi ancora più freschi di quelli che consumiamo noi oggi. Inoltre le spezie erano dispendiose, molto più delle carni: chi poteva permettersele, era anche in grado di acquistare buona carne. La decomposizione era semmai un problema dei poveri, che compravano carne di seconda scelta, e che però non avevano i soldi per acquistare le spezie... Infine, non è vero che gli uomini del Medio Evo fossero meno sensibili dei moderni al gusto della carne o del pesce andati a male. Le autorità municipali vigilavano sulle condizioni igieniche degli alimenti venduti ai mercati, e spesso imponevano che gli animali destinati al commercio venissero macellati in prossimità del luogo di vendita, evitando così contaminazioni.

Si può dire che il gusto preponderante nel Medio Evo non fosse quello della carne rancida, bensì quello del sale: nei mesi invernali la carne fresca era rara, perché all'arrivo delle prime gelate non c'era più niente per nutrire gli animali, che in massima parte venivano macellati entro novembre. La carne da consumarsi dopo questo mese, sino a primavera era conservata sotto sale, che aveva le medesime proprietà calde ed essiccanti delle spezie: ne risultavano carni per lo più secche, sapide e dure da masticare. Per quanti vivevano nell'entroterra, tutto il pesce non proveniente dai laghi, dai fiumi o dagli stagni locali, era sottoposto ad una pesante salatura. Le aringhe comparivano sott'aceto in salamoia, il merluzzo veniva battuto, salato ed essiccato sino a diventare strisce di pelle giallastra.

Alle limitazioni imposte dal clima, si aggiungevano le restrizioni tradizionali, che non erano poche e mettevano in pratica fuori gioco la carne per circa metà dell'anno: era infatti proibita tutti i venerdì, durante la Quaresima e nei giorni di magro previsti dal calendario religioso. Nella monotonia quaresimale o dei periodo di magro, le spezie costituivano un'alternativa e per i cuochi una valvola di sfogo e di creatività, permettendo di creare pietanze sempre diverse, senza il supporto della carne.

## Le spezie

*"Si dice che queste spezie vengano dal paradiso terrestre, come il legno secco che il vento abbatte nella foresta..."*

Jean de Joinville

### La spezie come moda del Trecento: commercio e significato del loro impiego

Una delle caratteristiche principali delle mense del Trecento era l'abbondanza delle portate dei banchetti, con netta prevalenza di carni, salse d'accompagnamento e spezie.

Nonostante ci fossero varianti significative nella cucina di un luogo o l'altro d'Europa, con l'una o l'altra spezia che andava o tornava di moda, il carattere speziato della cucina medievale rimase una costante e si intensificò tra Duecento e Trecento.

Il Trecento si caratterizzò proprio come il secolo dell'eccesso delle spezie.

E' vero che esse avevano il ruolo di smorzare o di esaltare i sapori contrastanti, migliorando ogni singolo gusto, e non per nulla fin dal XII secolo si usava mangiare del pepe per preparare il palato al vino, che sarebbe così parso più dolce. Prima di intervenire sul gusto, tuttavia, le spezie godevano fama di riequilibrare la natura dei cibi, a cui venivano opportunamente aggiunte (il più tardi possibile, come affermavano i ricettari, per mantenere intatte le

34

loro caratteristiche), temperando le qualità in eccesso degli alimenti. Avevano inoltre valenze terapeutiche: nei *"Tacuina sanitatis"* medievali, diffusi dalla Francia alla Germania, dall'Italia all'Inghilterra, le spezie venivano indicate come cura e prevenzione di molte affezioni. Si riteneva ad esempio che lo zenzero "scaldasse" lo stomaco, aiutando la digestione, che i chiodi di garofano distendessero i nervi, che il cinnamomo fosse un tonico e che la noce moscata combattesse il raffreddore e la depressione.

Tuttavia, il loro ruolo fondamentale era ancora un altro, di natura sociale, e si impose e consolidò proprio fra Duecento e Trecento: le spezie costituivano un vero e proprio *status symbol* dell'epoca. Essendo estremamente costose, venivano impiegate ed esibite dai nobili come ostentazione di ricchezza e di potere, né più né meno delle foglie d'oro messe ad impreziosire gli alimenti da presentare in tavola.

Donizone, monaco benedettino, compose nel XII secolo un poema sui principi di Canossa, illustrando come già da allora l'ostentazione di ricchezza di quella corte passasse attraverso l'esibizione delle spezie: per il banchetto delle nozze del marchese Bonifacio con Beatrice, le spezie furono talmente tante che non vennero pestate nei mortai, ma direttamente macinate nei mulini ad acqua.

Il 25 dicembre 1194, quando l'imperatore tedesco Enrico VI Hoenstaufen, padre di Federico II, venne incoronato re di Sicilia, come simbolo di ricchezza vennero bruciate grandi quantità di noce moscata nella cattedrale di Palermo.

Uno dei rituali della vita medievale a cui le spezie erano idealmente abbinate era lo scambio di doni che accompagnava la corrispondenza formale e le relazioni diplomatiche. Tra il 1294 e il 1303, papa Bonifacio VIII si vedeva regolarmente presentare delle spezie da ambasciatori e sovrani in visita, e nel Duecento gli Ebrei di Roma celebravano l'avvento di un nuovo Papa con doni di pepe e cannella, che erano forse più una forma di tributo che un'offerta spontanea. Ancora prima, nel XII secolo, i Veneziani offrivano un dono di oltre 25 chili di pepe all'anno all'Imperatore Enrico V.

Nella prefazione del *Liber Cure Cocorum*, libro di cucina scritto attorno al 1430 nel Lancashire, e rivolto a chi poteva permettersi solo di *"cucinare piccole cose"*, è detto esplicitamente che nell'opera l'arte culinaria è *"presentata per i poveruomini, che potrebbero non avere spezie quando le desiderano"*.[11]

**Raccolta del pepe e suo dono al sovrano, manoscritto francese degli inizi del sec. XV (Parigi, Bibliothèque Nationale de France)**

Sarebbe comunque fuorviante ridurre il prestigio delle spezie a una semplice misura economica. Molto del loro fascino derivava da un senso di mistero e di esotica eleganza, un effetto evocativo di

---

[11] R.Morris, *Liber Cure Cocorum*, Transactions of the Philological Society, London 1862

distinzione. Le spezie erano un totem di ciò che il grande medievalista olandese Johan Huizinga ha definito *"miglior vita"*, a cui la nobiltà medievale aspirava ininterrottamente, nei suoi riti, negli arazzi, nel mondo fantastico della sua letteratura. Infatti, poiché dovevano essere affrontati lunghi e pericolosi viaggi per raggiungere i mercati arabi e orientali in cui erano i mercati delle spezie, la fantasia popolare le caricò di una forte valenza simbolica, sbizzarrendosi con credenze che le facevano arrivare direttamente dal paradiso terrestre, quest'ultimo posto, secondo l'immaginario medievale, in una non meglio identificata zona fra il Tigri e l'Eufrate o lungo il corso del Nilo. Nell'*Atlante Catalano*, portolano preziosamente miniato attorno al 1375 ed attribuito ad Abraham Cresques, l'Oceano Indiano viene detto *"mare delle isole indiane dove si trovano le spezie"*.

A riprova del diffuso favoleggiare dell'epoca, lo stesso oceano, nella stessa opera, viene così descritto: *"...in questo mare navigano navi di molte nazioni. Qui si trovano anche tre tipi di pesce chiamati Sarenas, dei quali uno è metà donna metà esce e l'altro è metà donna e metà uccello"*.[12]

Jean de Joinville, signore di Champagne al servizio di San Luigi e autore di una sua biografia, recandosi in Egitto per la crociata, parla così del Nilo e della raccolta delle spezie: *"Conviene ora parlare del fiume che attraversa l'Egitto e viene dal Paradiso Terrestre... Nel luogo dove il Nilo penetra in Egitto, la gente abituata a questo lavoro getta le reti spiegate nel fiume; e quando la mattina le tira su, vi trova derrate preziose che vengono portate nel paese: zenzero, rabarbaro, legno di aloe e cannella. Si dice che queste spezie vengano dal paradiso terrestre, come il legno secco che il vento abbatte nella foresta..."*.

Le vie del commercio delle spezie erano spesso indefinite o segrete, almeno nella loro prima parte, e lo restarono per secoli, al

---

[12] *L'Atlas Català de Cresques Abraham*, Lluís Mercadé i Nubiola, Barcelona 1975

punto che ancora oggi sono state chiarite solo a grandi linee, prendendo per buona la tradizione che dall'India vi fossero, dalla notte dei tempi, due vie larghe e trafficate verso occidente.

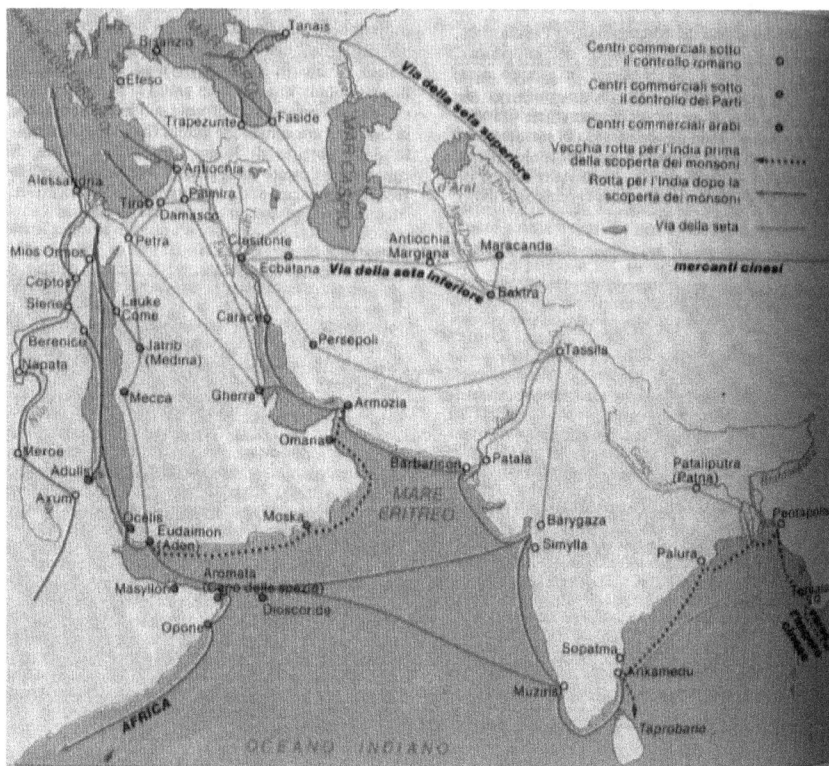

**Le rotte tradizionali dei mercanti di seta e di spezie**
**dai tempi dell'Impero romano**

La prima seguiva la costa occidentale indiana a nord, fino a Gujarat, passava per Ormus, all'imbocco del Golfo Persico, e poi andava verso Basra. Da questo porto le carovane portavano le spezie a settentrione e ad occidente, attraverso Persia ed Armenia, fino a Trebisonda sul Mar Nero. In alternativa, seguivano un percorso più a sud, lungo il Tigri e l'Eufrate, passando per le oasi del deserto fino alle città in cui avevano sede i mercati del Levante.

Molte delle spezie che transitavano dal Golfo Persico finivano a Costantinopoli: quelle che non erano consumate lì, venivano reimbarcate verso le remote destinazioni della Scandinavia e del Baltico.

La seconda via seguiva invece dall'India l'antico itinerario delle flotte romane, su rotte che ormai erano per lo più nelle mani degli Arabi. Da Malabar, attraverso l'Oceano Indiano e il Corno d'Africa, raggiungevano il Mar Rosso. Alcune spezie venivano scaricate nel porto di Jiddah e da lì proseguivano in carovana fino agli spacci levantini, via La Mecca e Medina. Altre spezie continuavano il viaggio via mare verso le coste occidentali del Mar Rosso, da dove il carico veniva portato via terra verso il Nilo e poi traghettato lungo il fiume per sdoganarlo, venderlo e reimbarcarlo a Il Cairo, prima di raggiungere finalmente Alessandria e il Mediterraneo.

Nel Medio Evo, la maggior parte delle spezie arrivava in Europa dalla via egiziana: gli Arabi Fatimidi incoraggiavano il commercio mantenendo sentinelle navali nel Mediterraneo e nel Mar Rosso ed offrendo garanzie per la sicurezza dei mercanti, tanto italiani quanto stranieri.

Il commercio di spezie era quindi un'attività molto affascinante per la mentalità medievale: i mercanti correvano grandi rischi, ma registravano profitti colossali. Soprattutto all'inizio del Medio Evo, la riuscita nel commercio delle spezie poteva fruttare anche un titolo nobiliare.

E se la mistica medievale vagheggiava di spezie raccolte nel paradiso terrestre, i golosi le situavano nel fantastico mondo di Cuccagna.

In uno dei poemi anonimi intitolati *The Land of Cokaygne* (Il Paese di Cuccagna), forse irlandese, risalente al Due-Trecento, il profumo delle spezie è onnipresente.[13]

*In its garden is a tree*

---

[13] *The Land of Cokaygne*, manoscritto composito in inglese, francese e latino, British Library, London, Harley Ms 913

*A very pleasant sight to see:*
*Ginger and galingale the roots,*
*And zedoary all the shoots,*
*The flowers are mace, quite excellent,*
*Cinnamon gives the bark its scent,*
*Cloves are the fruit, whose taste is rare.*
*There's no lack of cubebs there.*

*Nel prato c'è un albero, molto bello da guardare.*
*Le sue radici sono di zenzero e galangal, i germogli di*
*zedoaria.*
*I fiori sono tre pezzi di macis, e la corteccia, la dolce,*
*profumata cannella.*
*Il frutto è il saporito chiodo di garofano, e di pepe con la coda*
*vi è abbondanza.*

Le medicine sono un misto di spezie, i pozzi dell'abbazia
hanno vino speziato, e di pandolce speziato sono le pareti delle
case, impunturate di chiodi di garofano. I pasti sono già preparati e
camminano, volano, nuotano o corrono nel piatto. Le allodole si
consegnano da sole, e naturalmente sono speziate:

*The larks [...]*
*Land in your mouth, well-cooked and tame,*
*Freshly stewed and nicely done,*
*Sprinkled with cloves and cinnamon.*

*Le allodole, già cotte,*
*volan giù nelle bocche degli uomini,*
*condite nel più eccellente dei modi in pentola*
*spolverate di chiodi di garofano e cannella.*[14]

---

[14]    *The    Land    of    Cokaygne*,    traduzione    e    versione    online
http://www.thegoldendream.com/landofcokaygne.htm

Del resto, a quel tempo, in una semplice minestra servita sulle tavole signorili si poteva arrivare a mettere ben sette aromi speziati. Ma le spezie non esaurivano la loro funzione nelle salse e nella preparazione di carni, pesci e brodi: erano presenti sulle tavole più ricche dall'inizio alla fine dei pasti, dolci compresi.

Al termine di un pranzo importante non potevano mancare infatti le *spezie confettate*, ossia cotte nello zucchero. Erano dette anche *"spezie da camera"*, perché venivano servite a fine pasto, in un altro locale rispetto a quello dove si era mangiato, o forse addirittura messe vicino al letto dove ci si coricava: forti stimolanti delle funzioni gastriche, servivano a favorire la digestione delle grandi quantità di carne servita nei banchetti.

Già il ricettario di Apicio, principale documento dell'arte culinaria romana, rimaneggiato nel III o IV secolo d.C. come *De re coquinaria*, consigliava sali speziati *"per la digestione"* e per scongiurare *"tutte le malattie e le pestilenze e ogni sorta di infreddatura"*.

Nel romanzo duecentesco *Cristal et Claire* si menzionano, a conclusione del pasto, *"noci moscate, chiodi di garofano, melagrane... e zenzero di Alessandria"*. Generalmente tali spezie erano candite con zucchero e frutta, come la provenzale *orengat*, fettine fini di arancia macerata nello sciroppo di zucchero per una settimana circa, bollita in acqua, addolcita con miele e cotta infine con lo zenzero: cibo prezioso, dato che al favoloso costo dello zucchero si aggiungeva quello delle spezie.

Nel Trecento le *Ordinaciones* di Pietro d'Aragona consideravano le spezie tra i prodotti indispensabili per la notte, assieme ad acqua, vino, candele e torce.

In Italia, nel Duecento e più ancora nel Trecento, i *confetti zuccherini* venivano confezionati per i ricchi, poiché erano costosissimi, e costituiti quasi sempre da spezie (cannella, chiodi di garofano, noce moscata, gengevoro o zenzero) ricoperte di zucchero.

**Mercanti di spezie sul Fiume Giallo, sec. XV,**
*Le livre des merveilles*
**(Parigi, Bibliothèque Nationale de France, FR 2810, fol.51r)**

Nell'*Inventario dugentistico d'una cucina e d'un celliere*, del 1291[15] troviamo enumerati, tra i "confetti zuccherini", il *"confetto mandriano"* (probabilmente di mandorle), il *"confetto gengiovo"* (di zenzero ricoperto di zucchero), gli *"anici"*, la *"zuchata"* o zucca confettata. L'antica Spezieria del Vescovado di Pistoia, nota già dal 1397, ricorda la vendita di anice verde in confetti

---

[15] Pubblicato da Zdekauer come appendice V alla *Vita privata dei senesi nel dugento* (Siena, 1896)

42

nell'elenco dei suoi prodotti, insieme a sciroppi e *zuccherini* aromatizzati alle erbe. Giovanni Musso, cronista piacentino, parlando dei conviti dei Piacentini nel 1388, fa rilevare il lusso e "*lo scialo di confetti di zucchero et altre buone spezie*". Ancora nel 1475, il Platina nel suo *De honesta voluptate et valetudine* scriveva che per i nobili era comune sgranocchiare, dopo il pasto, anice e coriandolo, per il volgo il più comune finocchio: concludere il pasto con lo zucchero, caldo, aiutava la digestione, soprattutto se vi si potevano abbinare spezie di simile natura calda, quali la cannella o lo zenzero.

Le spezie erano anche ingrediente principale, con le farine, nella produzione di dolci e di pani che univano il vantaggio della ricercatezza a quello della lunga conservazione. Sappiamo che fin dal 1206 le monache del Monastero di Montecelso, nei pressi di Fontebecci, ricevevano dai coloni censuari del Convento, come tributo, "*panes piperatos et melatos*", cioè pani insaporiti di pepe e miele. Esistevano anche pandolci allo zenzero (antesignani degli odierni, anglosassoni *gingerbread*) e *panpepati o pane impepati* o *pan speziali*, dolci diffusi in Toscana e resi pregiati dalla presenza di pepe, zucchero e spezie assieme a farina di grano, canditi, miele, fichi secchi, marmellata, pinoli. "*Panforte*" e "*pan pepal*" figuravano anche, tra molti altri dolci, negli Annali veneziani di fine Duecento.

### Medicine, aromatizzanti, afrodisiaci e coloranti

Le spezie erano generalmente suddivise in "*grosse*" e in "*sottili*" o "*minute*", a seconda delle quantità in cui erano solitamente messe in vendita.

Tra le spezie "*grosse*" figuravano la cannella, lo zenzero, il pepe comune, il pepe lungo e lo zucchero di canna. Le spezie "*minute*", vendute a libbre o a once, comprendevano i chiodi di garofano, la *meleghetta* o «grani di Paradiso», molto rara e costosa, originaria dell'Africa, la noce moscata o macis, la galanga, il cardamomo e lo zafferano.

Alcuni nomi di queste spezie, che compaiono con grande frequenza nei ricettari del Trecento, sono oggi quasi sconosciuti, come la galanga, simile allo zenzero, il cardamomo, anch'esso della famiglia dello zenzero, i grani del paradiso o *"meleghetta"*(semi di una pianta simile al cardamomo), il pepe lungo, il macis, il cubebe.

Quasi mai nel Medio Evo per usi culinari si utilizzava un singolo aroma, ma piuttosto una miscela di vari profumi, ridotti in piccoli grani, se non addirittura in polvere: tali miscugli aromatizzavano le pietanze, ma potevano anche essere aggiunti alla farina negli impasti e ad altri ingredienti, come le bevande.

Il ricettario trecentesco dell'Anonimo Veneto o *Libro del Cuoco*, scritto in veneziano, che trova la sua fonte nel *Liber de Coquina*, illustra la preparazione di tre miscele: *"spezie forti"* o *"spezie nere"* (indicate particolarmente per le carni arrostite), *"spezie dolci"* (per i dolci, ma anche per pesci, torte salate e verdure), *"spezie fini"* (adatte ad ogni preparazione). Per le spezie forti, prescrive un quarto di chiodi di garofano su due once di pepe, molto pepe lungo e due noci moscate. Per le spezie fini, *"un'oncia di pepe, una di cinnamomo, una di zenzero, mezzo quarto di chiodi di garofano e un quarto di zafferano. Per le spezie dolci, un quarto di chiodi di garofano, un'oncia di buono zenzero, un'oncia di cinnamomo lieto"*.

*"Specie fine a tute cosse: toi una onza de pevere e una de cinamo e una de zenzevro e mezo quarto de garofali e uno quarto de zaferanno"*.

*"Specie dolce per assay cosse bone e fine: toi uno quarto de garofali e una onza de bon zenzevro e toy una onza de cinamo leto e toy arquanto folio e tute queste specie fay pestare insiema caxa como te piaxe, e se ne vo' fare piú, toy le cosse a questa medessima raxone et è meravigliosamente bona"*.

*"Specie negre e forte per assay savore: toy mezo quarto de garofali e do onze de pevere e toy arquanto pevere longo e do noce moscate e fa de tute specie"*[16].

Le dosi degli ingredienti erano stabiliti con precisione, perché per il gusto finale era fondamentale il rapporto tra i vari profumi.

Il pepe, già pregiatissimo presso i Romani, era molto apprezzato per la preparazione degli insaccati. La Scuola Salernitana lo consigliava come coadiuvante della digestione, ottimo medicinale contro la tosse e le febbri ed elemento contrastante della flemma. Provocando vasodilatazione alla zona lombosacrale e quindi agli organi genitali, era considerato una spezia stimolante ed afrodisiaca.

Il pepe più usato era quello nero e forte, ma ne esistevano diverse altre varietà. Tra queste, le più usate erano il pepe lungo, frutto di una pianta della stessa famiglia del pepe comune, ma dal sapore più persistente, e il più aromatico cubebe, di colore bianco.

*"De pipere: Quod piper est nigrum... phlegmata purgabit digestivamque iuvabit. Leucopiper stomacho prodest tussique dolori utile, praeveniet motum febrisque rigorem..."*.[17]

Un'altra spezia considerata afrodisiaca era lo zenzero, che veniva utilizzato come rizoma grattugiato. Visto come una leccornia già dai Greci e dai Romani, che per consumarla dovevano pagare forti tasse, nel corso del Medio Evo, il *"gengevo"* o *"gengiovo"* era una delle spezie più utilizzate in cucina. Radice della pianta *Amomiun zingiber,* originaria delle Indie e della Cina, era conosciuto in tre varietà: verde, il più pregiato, bianco o medio e bruno, o *"mecchino"*, il più comune, così chiamato perché transitava dalla Mecca, in Arabia.

---

[16] *Libro del Cuoco* o *Anonimo Veneto* (trascrizione e versione online già citate)
[17] *Regimen Sanitatis Salernitanum*, LXXV (traduz. F.Gherli)

**Lo zenzero e le sue varietà, *Pseudo Galeno*,
manoscritto arabo del sec. XII
(Parigi, Bibliothèque Nationale de France, Ms Arabe 2964)**

Il sapore piccante faceva classificare lo zenzero come *"caldo"*, e così lo considerano tuttora le medicine tradizionali asiatiche, per le quali è adatto a combattere i disturbi provocati dal freddo ed i problemi digestivi. Secondo la Scuola Salernitana il rizoma spingeva, anzi *"costringeva i giovani ad amare"*, e questa fama contribuì molto presto alla nascita di una pozione afrodisiaca composta da cannella, zenzero, chiodi di garofano, pangrattato e acqua di rose. Proprio l'aspetto corroborante ed afrodisiaco era centrale per i popoli arabi, che assumevano zenzero pestato con miele per rinvigorire le prestazioni sessuali, mentre in India era utilizzato come stimolante ed antidolorifico. Santa Ildegarda lo consigliava come rimedio per i fisici indeboliti, sotto forma di polvere da mettere sul pane e sulle vivande, e contro i reumatismi, la gotta, i dolori alle gambe ed ai piedi: il modo migliore per assumerlo in questi ultimi casi era quello di mischiarlo a dragoncello e pepe, assumendolo prima dei pasti principali, e accompagnando il tutto con del liquore di miele e prezzemolo. Il poeta maledetto Francois Villon fra le righe del suo *"Testamento"* quattrocentesco elencò anche cento radici di zenzero, che avrebbero avuto *"la proprietà di fare congiungere gli organi genitali dei due sessi"*.

La cannella o cinnamomo, con il suo sapore dolce, si adattava particolarmente bene ai piatti medievali, dove si prestava ad essere abbinata ai gusti forti e agri. Citata già nella Bibbia, nel libro dell'Esodo, Plinio il Vecchio ne lamentava il prezzo esorbitante. Era costosissima ancora nel Medio Evo, e la si offriva in dono ai re e alle regine come dimostrazione di raffinatezza e prestigio. I mercanti favoleggiavano che la sua raccolta fosse tanto ardua da essere contesa a grandi uccelli aggressivi, a Ceylon o in Cina.

La cannella più pregiata, detta *"cannella di Ceylon"* o *"cannella regina"*, era originaria delle Indie meridionali, mentre quella meno pregiata veniva dalla Cina; entrambe erano molto utilizzate per la preparazione della carne. Nei banchetti più sontuosi, veniva spesso spolverizzata sulle vivande, assieme allo zucchero. Molto apprezzata alla corte di Federico II, era ingrediente essenziale di una ricetta dolce che pare allietò gli ultimi giorni dell'Imperatore: le pere guaste con lo *"zuccharo e la cannella"*, consistente in pere molto mature cotte nel latte fino a disfarsi e spolverizzate con zucchero e cannella.

I medici della Scuola Salernitana osservavano: *"Accendit venerem cum vaccae lacte recenti... auget semper amorem, alleviat mentem"* – "Eccita il coito con il latte fresco di vacca... aumenta sempre gli stimoli dell'amore, rafforza l'intelletto". La cannella ha infatti proprietà eccitanti, agendo come stimolante per il sistema nervoso ed accelerando le pulsioni cardiache e respiratorie; veniva utilizzata anche come astringente intestinale e potente digestivo.

I chiodi di garofano, boccioli essiccati di un albero sempreverde del Madagascar e dell'Indonesia, dal sapore amaro, curavano i dolori alla testa e attivavano la circolazione, erano antisettici e deodoranti, contrastando l'odore di muffa e tenendo lontane le larve della farina. Essendo molto profumati, venivano usati per carni e per dolci. Un pugno di questa spezia equivaleva al prezzo di un montone.

La noce moscata compariva praticamente in ogni piatto dolce o salato. Santa Ildegarda le attribuisce doti di purificazione del corpo e la cita infatti come aromatizzante per un tipo di biscotto che aveva lo scopo di *"aprire il cuore e purificare l'animo"*. Anche l'involucro esterno della noce moscata, il macis, veniva impiegato in cucina.

I semi di aneto, raccolti tra agosto e settembre, erano usati in sostituzione dell'anice, più raro e costoso.

I semi di cumino, che in cucina venivano spesso abbinati ai formaggi, erano considerati afrodisiaci dalla Scuola Salernitana. Secondo questa tradizione, le donne potevano preparare filtri d'amore a base di cumino per i loro mariti, allo scopo di impedire che questi le abbandonassero. Proprio come accadeva per i mariti, anche i polli, secondo la credenza, nutrendosi di cumino non avrebbero mai lasciato i loro pollai. Ildegarda di Bingen inoltre suggeriva: *"Chi soffre di nausea prenda del cumino, una terza parte di pepe e una quarta di pimpinella, li riduca in polvere, prenda del pan grattato puro e vi versi questa polvere e con tuorlo d'uovo e poca acqua, vi faccia una tortina o nel forno caldo o sotto la cenere calda. Ma mangi anche la suddetta polvere distribuita sul pane che reprime le linfe calde e fredde nei visceri che provocano la nausea"*.

Del coriandolo, antinfiammatorio e digestivo, si mangiavano i semi, che facevano parte della tradizione italiana fin dai tempi dei Romani, rivestiti di zucchero e serviti dopo il pasto (da loro presero il nome i coriandoli di Carnevale) o come ingrediente per biscotti. Il loro profumo, simile a quello del limone, aromatizzava inoltre carni e pesci.

Le spezie riscaldanti, secondo la teoria umorale, erano tutte "medicine" afrodisiache, ma l'impulso sessuale era solo una parte dell'equazione, perché anche la fertilità era ricercata, e veniva considerata generalmente caldo-umida. Ne conseguiva che una sostanza calda accresceva il desiderio, riducendo però nel contempo la fertilità. Dato che lo sperma e l'utero fertili erano considerati caldi e umidi, logicamente i migliori afrodisiaci dovevano essere caldi e umidi, mentre il connubio caldo-secco, se giovava alla sessualità, poteva portare infertilità.

Lo zenzero era la più ricercata tra le spezie afrodisiache proprio perché classificato come caldo-umido e considerato stimolante sia del desiderio che della fertilità. Le altre spezie erano generalmente viste come più asciutte, soprattutto il pepe, riscaldante al massimo grado; anche la cannella era considerata molto calda. Il chiodo di garofano si collocava invece a metà dello spettro di secchezza, ed era quindi adatto alla fertilità di entrambi i sessi: preparati a base di rossi d'uovo e chiodi di garofano venivano dati alle donne per favorire il concepimento, mentre marmellate di pepe, zenzero, uova e fiori di melograno venivano prescritte già dai medici arabi per aumentare la potenza sessuale dei maschi.

**Raccolta dello zafferano, *Tacuinum sanitatis* di Ibn Butlan, manoscritto tedesco, fine sec. XIV (France, Bibliothèque Nationale de France, Ms Lat 9333)**

Non bisogna poi dimenticare che quella del Trecento era una tavola colorata: l'esigenza di dare tinte alle pietanze, per renderle più appetibili e scenografiche, a volte anche solo per stupire i commensali, giocava un ruolo importante nella scelta degli ingredienti e in particolare delle spezie e degli erbaggi.

La stagionalità influiva anche in questo caso sulla cucina, perché in inverno si preferivano alimenti gialli o comunque di colori caldi, e si aggiungevano solitamente alle pietanze zafferano e zenzero, mentre in estate doveva prevalere il colore verde e diventava più importante l'uso di erbe aromatiche.

Come riferito puntualmente nel Ménagier de Paris, manuale di gestione domestica francese della fine del Trecento, in estate prevaleva il colore della ginestra, il giallo, ottenuto per mezzo di uova e zafferano, che andava a sostituire il "civet": *"Est dit geneste pour ce qu'il est jaune comme fleur de geneste, et est jauni de moyeux d'œufs et de saffran, et se fait en esté en lieu de civé..."* [18]

Il nome stesso dello zafferano, che deriva dall'arabo *za'faran*, significa appunto "giallo". Come simbolo dell'oro e del suo colore, a parte le indorature di carni e dolci con vero metallo prezioso, in polvere o *"in foglia"*, cioè con sottili lamine, riservate alle tavole più sontuose e alle occasioni speciali, nel Medio Evo si acquisì proprio lo zafferano, che era tra le spezie più ricercate e costose.

Furono gli Arabi i primi ad inserirlo come colorante nelle preparazioni: importato nel Medio Evo da Venezia, che in città aveva aperto un ufficio dedicato esclusivamente a questo commercio, dalla fine del Trecento venne coltivato anche in Europa, in Spagna, in Grecia e in Italia (Abruzzo, Toscana, Sardegna), ma quello orientale rimase sempre il più apprezzato e il più costoso. Era considerato un rimedio contro il mal caduco e un dispensatore di allegria, visto che di una persona contenta si usava dire: *"ha dormito su di un sacco di zafferano"*. Pier Crescenzio, alle soglie del Trecento, oltre a ribadire le proprietà corroboranti dello zafferano, utile contro debolezza e svenimenti, raccomandava impacchi di zafferano, tuorlo d'uovo e rose sugli occhi arrossati, per lenire il fastidio.

Per usi culinari si utilizzavano solo gli stimmi dei fiori, ed occorrendo 50.000 fiori di croco per 50 grammi di prodotto, un campo coltivato a zafferano veniva considerato più prezioso di una miniera di argento!

Il colore rosso non era comune nelle vivande del Trecento, e prese piede solo dal Settecento, grazie alla diffusione dei pomodori.

---

[18] *Ménagier de Paris*, anonimo, 1393, ed. di J.Pichon, Paris 1846 - copia Bibliothèque Nationale de France (BnF/Gallica) http://gallica.bnf.fr - versione online http://www.gutenberg.org/files/44070/44070-0.txt

Abbiamo però notizia dell'uso di una spezia, il *sumac*, molto utilizzata nella cucina orientale, che si otteneva dai frutti essiccati e polverizzati di una pianta detta *rhus*, di cui esistono varie specie (alcune velenose). Dal profumo aspro, simile a quello del limone, ben si adattava ai gusti dell'epoca, e in più dava ai cibi una colorazione rosso porpora molto bella.

Per quanto riguardava invece il colore verde e le erbe aromatiche, la lista di quelle conosciute e coltivate negli orti, nei giardini e nei conventi per usi medicamentosi e culinari era molto nutrita già dal primo Medio Evo.

**La ruta e i suoi impieghi in medicina,** *Tacuinum sanitatis*, **fine sec. XIV (Rouen, Bibliothèque Municipale, Leber Ms 1088)**

Le preferite in cucina nel Trecento erano la salvia, la ruta, il rosmarino, l'anice, la nigella, il prezzemolo, il sedano, il levistico, il ginepro, l'aneto, la senape, la menta, il mentastro, il papavero, la malva, l'erba cipollina, il rafano, il coriandolo, il cerfoglio.

La salvia, come il prezzemolo e la ruta, era una pianta legata al mondo femminile, e come queste piante, poteva risultare tanto benefica quanto fatale. Utilizzata dalle donne per provocare e regolarizzare il ciclo mestruale, assunta in grosse quantità provocava l'aborto. Santa Ildegarda la riteneva in grado di modificare l'umore: *"Chi è collerico prenda la rosa e un po' meno di salvia, le triti in polvere e quando si accorge di diventare collerico si metta questa polvere sotto il naso e la si annusi, perché la salvia consola e la rosa rallegra"*. Le donne utilizzavano la salvia anche per scurire i capelli, applicandola sulla chioma esposta al sole.

La nigella era utilizzata per il colore nero dei semi, contenuti nei suoi frutti: con il loro sapore amaro e pungente, arricchivano dolci e biscotti. Del coriandolo, oltre ai semi già visti tra le spezie, si usavano anche le foglie, al posto del prezzemolo o del cerfoglio, responsabili di un bel colore verde. Le foglie del levistico, molto odorose e simili a quelle del sedano, anche nel sapore, venivano utilizzate per insaporire brodi e carni stufate. Le foglie fresche di ruta erano impiegate per insaporire scarni e pesci. La ruta, da usare con cautela in quanto velenosa ad alte dosi, facilitava le mestruazioni ed il parto, riducendo gli sbalzi d'umore e le sudorazioni collegate al climaterio; si riteneva fra l'altro che fosse utile per scacciare la paura e quindi se ne mettevano delle foglie in tasca quando si dovevano affrontare situazioni pericolose. Le bacche di ginepro, aromatiche, insaporivano le carni lungamente cotte nel vino. Nel mondo antico, il ginepro veniva considerato una pianta magica: si credeva che fosse capace di allontanare gli spiriti maligni, quindi si usava cucirne alcune bacche all'interno degli abiti per assicurarsi protezione. Come le bacche, anche il legno di ginepro era considerato prodigioso: vi si fabbricavano cucchiai e mestoli casalinghi, che venivano impiegati per la lavorazione del latte e nella sua trasformazione in burro e formaggio.

## Il pepe, signore delle spezie

Universalmente conosciuto come il re delle spezie, nell'antichità il pepe era una merce così preziosa da diventare moneta di scambio ed uno dei primi prodotti a venire commercializzato, più di 4000 anni fa: i suoi granuli sono stati trovati presso le tombe dei faraoni In Egitto e, nei paesi asiatici, in particolare in India, assieme allo zenzero. Già nel V secolo, il *Libro siriano di medicina lo menzionava come rimedio* per alleviare diarrea, mal d'orecchie, malattie cardiache, ernie, punture d'insetto, disturbi a carico del fegato, insonnia, ascessi orali, indigestione e mal di stomaco.

**Raccolta del pepe, *Le livre des merveilles*, sec. XV**
**(Parigi, Bibliothèque Nationale de France, Ms FR 2810 fol.84r)**

Noto agli antichi Greci ed ai Romani, che lo importavano da Malabar, ha rappresentato storicamente una delle spinte al commercio con i paesi dell'estremo oriente. Plinio il Vecchio nella sua *Historia naturalis* ne parla diffusamente, mentre Apicio nel *"De re coquinaria"* lo inserisce in quasi tutte le ricette.

Dal Medio Evo si prese l'abitudine di includerlo fra i doni riservati ai principi e ai regnanti. Nella mentalità medievale era normale associare il pepe alla regalità, e considerarlo un marchio di superiorità sociale, uno strumento in grado di dare visibilità e somma considerazione.

Platina, nel *De honesta voluptate et valetudine (1475)*, recita a proposito del pepe: *"Le spezie che usiamo nelle vivande sono di varie qualità e tutte sono state importate da paesi stranieri. Per lo più si raccolgono da piante: così è il pepe, prodotto da una pianta molto simile al nostro ginepro in zone soleggiate di fronte al Caucaso. I semi differiscono da quelli del ginepro perché sono contenuti in piccoli baccelli che assomigliano a quelli del fagiolo. Non appena colti, questi baccelli si lasciano seccare al sole e ci danno quello che si chiama pepe lungo. Quando sono maturi, adagio adagio si aprono da soli e danno il pepe bianco, il quale poi, tostato al sole, muta sensibilmente. Esiste inoltre una qualità che a causa delle variazioni del clima prende a volte il carbonchio: di tutti questo è il più piccante, molto leggero e di colore chiaro. Meno piccante è invece quello nero, ma il più leggero di tutti e due è quello bianco. L'albero di questa pianta cresce in Arabia e in alcune regioni a nord dell'Etiopia. Attualmente si trova anche in Italia, non molto diverso dal mirto per il suo sapore amaro, ma dà un frutto che matura poco. E' una spezia calda e secca: perciò riscalda lo stomaco e il fegato, nuoce a chi soffre la bile, ma dissipa e scaccia le ventosità dell'intestino ed è diuretico. Il suo uso è consigliabile più d'inverno che d'estate"*[19].

---

[19] *De honesta voluptate et valetudine*, traduzione di Emilio Faccioli, Torino 1987

Per secoli il commercio del pepe era stato predominio degli Arabi, ma, con la caduta dell'Impero bizantino, Venezia si assicurò la parte più rilevante del suo commercio.

Si sente spesso dire che le spezie ritornarono alla cucina europea con i Crociati, ma in realtà le spezie non se ne erano mai andate. La prima e la più longeva spezia, di gran lunga la più importante per tutto il Medio Evo, era proprio il pepe.

La salsa avvelenata che nel 946 fu propinata, con le carni, al re di Francia Luigi IV, era una salsa al pepe. Le abbazie dell'anno Mille immagazzinavano pepe, prezioso come e più del denaro: nel 984 i monaci di Tulle pagarono 1500 grammi di pepe ai loro confratelli di Aurillac per celebrare la festa del patrono, San Geraldo. Sul finire del secolo, Ademar III, visconte di Limoges, ospitando il duca Guglielmo IX di Aquitania, giudicò gravissimo che in casa scarseggiasse il pepe *"per le salse"* e inviò il suo siniscalco da un vicino, che gli mostrò grandiosi mucchi di pepe sul pavimento, disposto in modo da dover essere spalato.

Per tutto il Duecento, una libbra di pepe costava in Inghilterra l'equivalente di una settimana di paga di un vignaiolo. Il prezzo lievitò a metà del Trecento, ma poi cominciò a scendere, non senza qualche occasionale impennata a causa di crisi monetarie o incertezze politiche lungo le rotte commerciali che lo portavano in Europa. Dal 1394 al 1405 il pepe costituì circa il 75% di tutte le importazioni veneziane di spezie; tuttavia, il suo prezzo era dimezzato rispetto a due secoli prima e lo stato sociale dei suoi più forti consumatori era mutato. Alla fine del Trecento, infatti, erano i ranghi inferiori della nobiltà, la borghesia emergente e i mercanti a consumare maggiormente il pepe e del resto, già dalla metà del Trecento, pepe e piccole quantità di zenzero, di zafferano e di cannella figuravano nelle liste della spesa borghesi, così come il solo pepe compariva addirittura in quelle di artigiani e paesani abbienti. Nello stesso periodo, una salsa comune e quasi popolare annoverava tra gli ingredienti pepe, salvia, prezzemolo, vino, aglio e sale.

Poiché i gusti avevano implicazioni sociali, il declassamento del pepe nel corso del Quattrocento ne avrebbe segnalato la sua caduta in disgrazia presso i ricchi e addirittura la sua progressiva identificazione come *"spezia dei poveri"*.

## Sale e zucchero

Il sale, definito da Isidoro da Siviglia *"utile come il sole"*, sin dai tempi più antichi aveva fatto parte di quel ristretto gruppo di prodotti così importanti da essere equiparati alle monete: il termine *"salario"* deriva proprio dall'uso di pagare operai e soldati con determinate quantità di sale.

Era fondamentale, come si è visto, non solo per insaporire i cibi, ma soprattutto per la conservazione delle carni: nel Medio Evo ne veniva destinata la quantità maggiore per questo scopo, e per la preparazione dei salumi, dei formaggi e delle salse. Carni e pesci erano sottoposti alla salatura per essere consumati in tutte le stagioni. Anche se la carne di maiale era quella che più comunemente e diffusamente veniva lavorata con il sale, nei mercati si trovavano in salamoia carni di molti altri animali: vitelli, manzi, oche e svariati pesci, come aringhe, merluzzi, naselli, trote, salmoni, seppie, ostriche. Nei grandi banchetti dei signori medievali, la saliera era uno degli oggetti più importanti e pregiati della tavola, e a volte era una vera e propria scultura in metallo prezioso e gemme, a forma di navicella, per ricordare il mare da cui proveniva.

Il sale veniva impiegato anche nella concia, perché evitava la putrefazione del pellame, e a scopo medicinale, come disinfettante. Già Apicio parlava di sali conditi con erbe e spezie varie, che facilitavano la digestione contrastando le malattie.

Alimento caldo e secco secondo la Scuola Salernitana, in grado di asciugare gli umori umidi del corpo, per le sue doti di conservazione, di purezza e di incorruttibilità diventò simbolo di castità e si diffuse nel primo Medio Evo tra i monaci, tanto che nelle preparazioni conventuali si parla di *"sal frictum"*, ossia semplice sale grigliato o saltato in padella.

**Vendita dello zucchero dallo speziale,** *Tacuinum Sanitatis,* **fine sec. XIV (Roma, Biblioteca Casanatense, Ms 4182)**

Se durante i banchetti medievali si bruciavano essenze profumate, sui cibi era usanza spargere cannella assieme allo zucchero. Lo zucchero di canna, venduto sui banchi dello speziale come spezia "grossa", in pani o in polvere, e pesato con la bilancina (vi era un proverbio che diceva: *"È come uno speziale senza zucchero"*), originariamente era coltivato in Medio Oriente, e venne in seguito introdotto dagli Arabi anche in Sicilia e in Andalusia. Nel Duecento cominciò a diffondersi in sostituzione del miele e ad essere coltivato anche a Creta, a Cipro e a Madera.

Incontrava a tal punto il gusto del tempo che le ricette medievali lo prescrivevano quasi per ogni pietanza: si può dire che fino al Rinascimento non esistettero differenze marcate fra il gusto dolce e il salato in tavola.

I grandi cuochi medievali e rinascimentali zuccheravano infatti le salse, i pasticci, le verdure, le zuppe. *"Nessun cibo a cui è aggiunto lo zucchero è senza sapore"*, recitava un proverbio dell'epoca, riportato dal Platina nel suo *"De honesta voluptate et valetudine"*.

In Italia, soprattutto a Venezia, a Firenze e a Milano, nel corso del Duecento e durante il Trecento, aumentando lo sfarzo dei banchetti, divennero di moda le vivande ricoperte di zucchero e le composizioni o alzate artistiche fatte di zucchero, che venivano a costare somme enormi. Per questo furono divulgate precise norme che regolamentavano il consumo zuccherino: a Firenze, come si rileva dall' *Inventario e Regesto dei capitoli del Comune* del XIII secolo, esso non poteva eccedere le due once per persona. A Venezia, dove arrivava con le navi provenienti dal Levante sotto forma di pani dalla caratteristica forma, avvolti in foglie di palma, lo zucchero veniva sparso a profusione, come pure la cannella in polvere, ed entrava nella composizione di un gran numero di ricette. Del resto in Italia il consumo di zucchero era il più alto d'Europa, poiché nelle corti erano diffusissimi i già citati *"confetti zuccherini"*, le *"cedrate"* fatte con succhi di agrumi e zucchero, il vino zuccherato, la frutta sciroppata, confetta e candita a calor di forno. Per i *frutti canditi*, oltre alla Sicilia, erano celebri le città di Ferrara, di Napoli e di Genova: infatti, negli Annales genovesi del cronachista Giorgio Stella, redatti a partire dal 1396, è ricordato che nel banchetto offerto dalla Signoria di Genova al Re di Cipro, nel 1416, tra le molte vivande dolci offerte, vi erano la più ricca e deliziosa scelta di frutti canditi.

### Spezie nel vino

Le virtù salutari del vino erano rinomate fin dall'antichità: si credeva che il vino agisse come una sorta di diffusore e conduttore delle altre sostanze nutritive in tutte le parti del corpo, favorendo la digestione dei cibi nello stomaco, e che l'aggiunta di spezie ne aumentasse l'efficacia.

Tuttavia, la conservazione e l'invecchiamento di questa bevanda erano problematici, possibili senza danni solo con vini cotti, in quanto le mediocri tecniche di vinificazione e la fermentazione in botti di legno non ne consentiva un buon controllo. Il problema del vino rancido era comune: nelle botti spesso mal sigillate acquistava facilmente un cattivo sapore. Anche se il vino sopravviveva ai viaggio e alla conservazione, infatti, il contenuto cominciava ad ossidarsi appena veniva spillato, acquisendo un gusto variamente descritto come amaro, muffito, affumicato, viscoso, opaco. Si bevevano perciò quasi solo vini novelli, o al più tardi dell'anno successivo alla vendemmia, anche se spesso persino i vini giovani non erano teneri al palato; coloro che potevano permetterselo, ricorrevano a vini liquorosi, aromatici e di più alta gradazione alcolica, come quelli spagnoli, greci, siciliani o ciprioti, che inacidivano meno ed erano di più facile conservazione. Essi derivavano dalle cosiddette *"uve greche"*, per lo più da vinificazione di uve passite al sole meridionale: la Repubblica di Venezia, tra il XII e il XVI secolo, ebbe il monopolio del loro commercio (*"Moscato"*, *"Passito"*, *"Malvasia"*, *"vin greco"*).

Se preso puro, il comune vino rosso poteva essere una vera delusione, sia per il gusto che per la conservazione, era abitudine annacquarlo, cioè allungarlo con acqua, o addolcirlo con miele, per correggerne l'acidità.

Il *vinum conditum* dei Romani, chiamato anche *vinum piperatum* nella sua forma base, composta solo di vino, pepe e miele, era trattato già da Plinio nella vasta categoria dei *vini aromatites*, che appartenevano alla ancor più vasta famiglia dei *vina ficticia*, cioè corretti, manipolati. Nella *Naturalis Historia* ne erano enumerati 29 fatti con erbe, ortaggi e anche cereali, 21 con bacche, fiori e frutti, e 14 con spezie propriamente intese. Questi vini si ottenevano per infusione, partendo spesso dal mosto, in cui veniva immerso un sacchetto di tela contenente l'aroma o la miscela di aromi polverizzati.

Il *mulso*, molto comune, si preparava facendo bollire vino vecchio, mosto e miele. Palladio, autore del IV secolo d.C., accenna all'impiego di pepe, zenzero e cassia per correggere il gusto del suo vino, secondo una ricetta conservata tra i cretesi e ricevuta dall'oracolo di Delfi. Si sa che il monaco Cassiodoro, vissuto nel VI secolo, beveva solo vino corretto con pepe e miele.

Nel Medio Evo, dopo circa un millennio di primato del pepe nel vino, la cannella prese il sopravvento. I vini speziati medievali si facevano miscelando al comune vino rosso spezie varie (soprattutto cannella, zenzero, cardamomo, grani del paradiso, noce moscata, chiodi di garofano e zucchero o miele); l'infuso veniva poi filtrato per mezzo di un sacchetto, una vescica o un telo, noto come *"manica di Ippocrate"* (di qui il nome del vino, *"hippocras"* o *"ippocrasso"*), oppure fatto colare sulla manica stessa, aromatizzata da un misto di spezie, in modo che, chiarificandosi, trascinasse l'aroma delle spezie con sé, e infine chiuso in piccoli otri, a loro volta intrisi di vino.

Il *Tacuinum sanitatis* della Biblioteca Casanatense di Roma, realizzato nel Trecento per il re Venceslao di Lussemburgo e poi passato nella raccolta di Matteo Corvino re d'Ungheria, si dilunga sulle composizioni dei vini, specificandone la natura e le proprietà. *"La natura di tutti i vini è calda e dà forza e moto al corpo per il fatto che riscalda. Rinfranca e ristora tutte le membra che abbian sofferto dal freddo o dal caldo e che devono essere unte con vino ed olio caldo e strofinate finché tutto il corpo ne sia sparso e lo stesso si fa con coloro che hanno dolori agli omeri..."*.

I vini vecchi, *"contrari ai nervi ed ai sensi"*, secondo la medicina medievale erano utili se consumati con moderazione, e non dovevano essere consumati dagli ammalati, mentre i vini nuovi erano più caldi e facevano bene al ventre.

**Autunno, vendemmia e pigiatura dell'uva,**
*Codex Vindobonensis*, **1390 circa**
**(Vienna, Biblioteca Nazionale, Ms 2644)**

I metodi di preparazione del vino speziato restarono pressochè immutati per tutto il Medio Evo.

Il *Ménagier de Paris* dà le seguenti istruzioni: *"Pour faire pouldre d'ypocras, prenez un quarteron de très fine canelle triée à la dent, et demy quarteron de fleur de canelle fine, une once de gingembre de mesche trié fin blanc et une once de graine de paradis, un sizain de noix muguettes et de garingal ensemble, et faites tout battre ensemble. Et quant vous vouldrez faire l'ypocras, prenez demye once largement et sur le plus de ceste pouldre et deux quarterons de succre, et les meslez ensemble, et une quarte de vin à la mesure de Paris...*" – "*Per fare l'hippocras in polvere prendi un quarto di cannella finissima, selezionata attraverso l'assaggio, e mezzo quarto di farina fine di cannella, un'oncia di zenzero scelto (gingembre de mesche), fine e bianco, e un'oncia di grani del Paradiso, un sesto di noce moscata e galangal mischiati, e pesta tutto quanto insieme. E quando vuoi fare l'hippocras, preleva una buona mezza oncia di questa polvere e due quarti di zucchero e mescola insieme a un quarto di vino, secondo le misure parigine...*"[20].

*L'ippocrasso* godette di molta fama ed apprezzamento nel Medio Evo: citato nei romanzi cavallereschi come una bevanda d'onore, veniva offerto a re e principi e consumato nelle grandi celebrazioni. Era considerato bevanda adatta alla stagione invernale, confacente ai vecchi e propizio alla digestione.

In realtà, esistevano moltissimi modi di speziare il vino rosso, fino ad arrivare a pesanti alterazioni della sua natura. Oltre all'*ippocrasso*, c'erano il *vino alla salvia* o *vinum salviatium*, il *vinum rosatum*, il *vinum gariofilatum*, trattati rispettivamente con foglie secche o fresche di salvia (e ritenuto un eccellente digestivo), con petali di rose, con chiodi di garofano. Si può dire che nel Medioevo ogni vinattiere o speziale fosse in grado di preparare vini speziati e ognuno avesse la sua ricetta.

Il *Tacuinum sanitatis* della Biblioteca Casanatense tramanda le più disparate ricette: il vino di assenzio, che "*si confeziona così: metti una libbra di assenzio e due scrupoli di resina in venti sestari di vino e dopo dieci giorni filtra e conserva; ha buona virtù per lo stomaco; è indicato per gli epatici gli itterici ed i nefritici; buono per la digestione, toglie il fastidio dello stomaco e ne reprime i dolori; allenta la tensione degli ipocondri...*"; il vino misto all'acqua di mare, che "*si fa in più modi: alcuni depongono l'uva*

---

[20] *Ménagier de Paris,* versione online http://www.gutenberg.org/files/44070/44070-0.txt

*matura in un recipiente dove sia dell'acqua di mare e dopo alcuni giorni la pigiano; diventa dolce; buono per la febbre; emolliente per il ventre...";* il vino mandragorato, per preparare il quale *"si prenda la buccia di radice di mandragora ed avvoltolata in una pezzuola si immerga in un'anfora di mosto e vi si lasci per tre mesi; provoca un sonno profondo...";* persino il vino di pece, che *"si fa con pece liquida lavata più volte in acqua salsa o marina sin che l'acqua esca limpida e la pece bianca; poi mescolando mezz'oncia di pece e due anfore di mosto si fa bollire e indi si filtra; giova per la tosse, per le lesioni profonde e per l'asma..."* .

Manoscritti culinari inglesi del Trecento che fornivano altri dettagli per la preparazione di varianti di vino speziato, specificavano differenti quantità di spezie secondo il rango dei destinatari: *pro rege, pro domino* e *pro populo.* Ovviamente la terza era la ricetta con meno spezie in assoluto.

Gradimento riscuoteva anche il *chiaretto,* dolcificato con miele anziché zucchero. Per rendere il vino più chiaro e più gradevole al gusto, lo si allungava persino con bacche colorate e albume d'uovo. La stessa *Malvasia,* vino aristocratico dall'intenso aroma, nel Medio Evo accoglieva le aromatizzazioni più svariate: anticamente preparata con uva pestata, palma da datteri, acqua e spezie, veniva poi insaporita con quasi tuti gli aromi, dai più comuni, come cannella e chiodi di garofano o zenzero, fino alla menta, all'alloro, alla genziana.

Molti vini, detti *"herbes"* in Francia, e qualche volta *"nettari",* erano più propriamente infusi di assenzio, mirtillo, issopo, rosmarino, miscelati con vino addolcito e aromatizzato con miele.

Fin dal primo Medio Evo, si speziò anche la birra inglese senza luppolo, detta *ale.* Quella con il luppolo, benché piuttosto antica, prese piede solo dal XIII secolo. Il luppolo contiene un conservante naturale, mentre l'ale si conservava mediamente solo cinque giorni, dopo i quali diventava imbevibile e a volte persino tossico: le spezie venivano aggiunte come correttori, conservanti e persino blandi antibatterici.

## Bibliografia

Sara Giurovich, *Problemi e metodi di scienza ippocratica: testi e commenti*, Dip.Storia Antica Univ.Bologna, 2004

Fulvio Gherli (versione italiana di), *Regola Sanitaria Salernitana-Regimen Sanitatis Salernitanum*, Salerno 1954

Francesca Pucci Donati, *Dieta, salute, calendari: dal regime stagionale antico ai regimina mensium medievali. Origine di un genere nella letteratura medica occidentale*, Fondazione Centro Italiano di studi sull'Alto Medioevo, Spoleto 2007

Margherita Palumbo, *Maino (Manio) Maineri* in Dizionario Biografico degli Italiani, Vol.67, 2007

Luigi Firpo, *Medicina medievale*, Torino 1972

Jacques Le Goff, *Il corpo nel Medioevo*, Bari 2005

Emilio Faccioli, *Arte della cucina*, Vol.I, Milano 1966

Terence Scully, *L'arte della cucina nel Medioevo*, Casale Monferrato 1997

O.Reddon, F.Sabban, S.Serventi - *A tavola nel Medioevo*, con 150 ricette dalla Francia e dall'Italia, prefazione di Georges Duby, Bari 1991

Massimo Montanari, *Gusti del Medioevo. I prodotti, la cucina, la tavola*, Bari 2012

Massimo Montanari (a cura di) *Storia dell'Alimentazione*, Roma-Bari 1999

Massimo Montanari-Françoise Sabban, *Storia e geografia dell'alimentazione. Risorse, scambi, consumi*, vol.I, Torino 2006

Jack Turner, *Spezie - Storia di una tentazione*, Boves 2006

Franco Cardini, *Per una storia a tavola*, Firenze 1994

Jean-Louis Flandrin, *Condimenti, cucina e dietetica tra XIV e XVI secolo*, in Jean-Louis Flandrin-

Elisabetta Carli, *Liber de coquina, ricette di cultura medievale*, ebook 2013

Enrico Carnevale Schianca, *La cucina medievale. Lessico, storia, preparazioni*, Firenze 2011

Rosella *Omicciolo Valentini, Mangiare medievale*, Tuscania, 2005

Twighard Strehlow, *La medicina di Santa Ildegarda*, Roma 2002

**Risorse in rete:**
http://www.antika.it/
http://gallica.bnf.fr
http://www.oldcook.com/it/medievale-libri_cucina_italiano
http://archivio.mensamagazine.it/articolo.asp?id=860
http://www.taccuinistorici.it/ita/news/medioevale/
http://www.taccuinistorici.it/ita/ricette/antica/

# I banchetti nel Medioevo

**Tavole per banchetti**

**Tavole, suppellettili e personale addetto alle mense**

Il banchetto, come tema iconografico, è stato trattato diffusamente durante tutto il Medioevo. Fino al secolo XI, le tavole rappresentate in pitture e miniature sono a mezzaluna o ellittiche. A partire dal XII cambiano forma, divenendo quasi costantemente rettangolari, talora molto lunghe. Le tavole fisse erano piuttosto rare, dato che in genere erano semplici assi di legno a venire posate su cavalletti o *"banchetti"* (da cui il nome assunto dal convito) e rimosse al termine del pasto.

I commensali sedevano su panche o sedili, a volte ad alto schienale, resi più comodi da cuscini, disposti solo sul lato esterno dei tavoli, lasciando libero quello interno per il servizio e per assistere ad eventuali intrattenimenti. Il signore e gli ospiti di maggiore importanza occupavano una tavola rialzata con una predella, oppure una vera e propria cattedra, riccamente addobbata e apparecchiata, mentre sovrani ed alti prelati stavano sotto un baldacchino. Parecchi codici miniati del Trecento, nonché versioni illustrate del Decameron di Boccaccio, ci mostrano banchetti con un numero di partecipanti limitato ed uomini e donne seduti a tavola alternati fra loro; quando non si trattava di banchetti sontuosi, dal Trecento venne di moda servire il cibo su piccole tavole rotonde.

Già in età altomedievale la tavola era coperta da tovaglie bianche. Nel Medioevo mangiare sulla stessa tovaglia aveva un significato di uguaglianza sociale e il colore bianco un valore simbolico. Si mangiava a *"tagliere"*, cioè veniva messo un tagliere ogni due commensali, perché nel pasto medievale era fondamentale il concetto di dividere con gli altri il cibo: lo facevano sia il padrone di casa, sia gli ospiti con gli altri invitati, ed i commensali dovevano servirsi con le mani. Questa abitudine, comune nell'alto Medioevo e confermata da riferimenti reperibili nei romanzi cavallereschi, si protrasse parecchio, anche dopo la relativa diffusione della posateria: capponi, vitelli, maiali e selvaggina, sminuzzati dagli addetti alla tavola, continuarono ad essere portati alla bocca con le dita per secoli.

Le tovaglie erano spesso doppie, in quanto sulla tovaglia vera e propria veniva posto un secondo drappo di stoffa, detto in Francia *doublier*. In seguito le tovaglie divennero anche più di due: nei banchetti importanti, potevano essere cambiate dopo ogni servizio, per dar modo agli invitati di mangiare sempre su tovaglie pulite.

Non esistendo tovaglioli (la *touaille*, pezzo di tessuto posto davanti a ogni commensale, farà la sua comparsa solo nel Cinquecento), si era soliti pulirsi le mani e la bocca con la tovaglia stessa.

68

A partire dal Duecento, nelle raffigurazioni di banchetti in pittura o miniatura cominciarono ad apparire bordi colorati alle tovaglie, o vere e proprie strisce di tessuto sull'orlo della tavola, presumibilmente per permettere ai convitati di pulirvisi la bocca e le mani.

Il vasellame da tavola variava considerevolmente, non tanto nelle forme, quanto nei materiali. Se i contadini utilizzavano stoviglie semplici in legno, lo stagno era comune sulle tavole cittadine delle famiglie più abbienti, mentre metalli preziosi come l'argento, l'argento dorato e l'oro scintillavano sulle tavole signorili o regali. La scodella veniva generalmente usata da due commensali, per i cibi liquidi: il ricettario francese trecentesco *Ménagier de Paris* parla, ad esempio, di pranzi *"da venti scodelle"*, cioè da quaranta persone, contandone due per scodella, che diverrà individuale solo alla fine del Medioevo. Era invece individuale il tagliere, in epoca medievale limitato ad una grande fetta di pane, sulla quale si mangiavano carni e salse. Dal Duecento, sotto il tagliere, che restava una larga fetta di pane a crosta dura su cui mettere gli alimenti solidi e le salse, cominciò ad essere posta a rinforzo una tavoletta di legno o di metallo, rettangolare o quadrata, di metalli preziosi nei convivi più nobili. Progressivamente comparvero anche le saliere, spesso preziose: collocate al centro della tavola, nei banchetti aristocratici erano in vetro, in cristallo di rocca, in pietra dura o in metallo prezioso. I piatti veri e propri erano semplici, poco numerosi e spesso coperti, per evitare il raffreddamento dei cibi e anche la loro contaminazione con veleni, dato il sempre più diffuso timore in questo senso.

Le posate erano scarse. Rare le forchette, moderato l'uso dei cucchiai, che andò diffondendosi solo dal Trecento, c'erano i coltelli, a volte dotati di una lama a più punte per infilzare i pezzi di carne dopo averli tagliati.

Arazzo di Bayeux: il vescovo Oddone benedice il primo banchetto indetto dal duca Guglielmo (Guglielmo I) e dai baroni normanni sul suolo inglese (sec.XI)

La forchetta, benché conosciuta ed usata nel mondo bizantino ed orientale in genere, nel Medioevo non ebbe grande fortuna a tavola: a parte qualche raffinata corte papale, come vedremo in seguito, non fu di uso comune fino a Cinquecento inoltrato. In metallo prezioso o in bronzo, con manico di cristallo, di pietra dura o di avorio, sulle mense europee compariva raramente, in pochi pezzi, e solo nel tipo a due punte, usato nella sua forma più grande per trasferire i pezzi di carne dai vassoi di portata ai piatti o in quella più piccola per afferrare pezzi di frutta. San Pier Damiani, nel secolo XI, ricordava che la sposa bizantina del doge Orseolo II, tra altre mollezze importate dal suo paese, portava alla bocca i cibi con *fascinuli aurei atque bidentes*, cioè adoperando forchette.

Tali strumenti erano in uso anche nell'Italia meridionale, forse per influsso del costume orientale: in una miniatura del codice delle *Leggi langobarde* del monastero della Cava, è raffigurato Re Rotari intento a mangiare del pollo armato di forchetta e di coltello.

Tra le prime menzioni di forchette in ambito europeo ci sono quelle che risalgono all'inventario di Edoardo I, re d'Inghilterra, del 1297, per proseguire negli inventari reali del Tre-Quattrocento: forchette si trovano indicate in un conto d'argenteria della casa reale di Francia, negli inventari di Piers Gaveston, I conte di Cornovaglia (1313), in quelli di Luigi d'Angiò (1368), che ricorda una forchetta d'oro, e del duca di Borgogna (1420).

Il cucchiaio, posata molto antica, giunse al Medioevo pressoché inalterata dai tempi dei Romani, ma con qualche diversità rispetto a quello odierno, essendo la parte concava non di rado rotonda e poco profonda, il che suggerisce un uso per cibi più densi degli attuali; i cucchiai più modesti, e quelli più grandi, per gli usi di cucina, erano generalmente di legno di bosso, pioppo o ginepro, ma, di pari passo al livello sociale dei proprietari, potevano essere di metallo, col manico di stagno, bronzo, argento riccamente lavorato, ed annoverare, per i più ricchi, esemplari in cui si impiegavano materiali rari e preziosi come il corallo e la madreperla. Nel XV secolo erano diffusi i cucchiai pieghevoli, con il manico tenuto fermo da un blocco a utensile aperto e che si poteva chiudere sulla conchiglia. Non era poi raro, almeno fino al Trecento, che gli invitati portassero a tavola cucchiaio e coltello personali, e spesso anche la coppa per bere. In Italia e in Francia, i nobili possedevano cucchiai con il manico adatto ai vari periodi dell'anno, bianco per le feste di Pasqua, nero per la Quaresima.

Molto più elaborati, negli ambienti aristocratici, erano i recipienti per le bevande, servite a tavola dai paggi. Sulle mense si potevano trovare boccali per acqua con coperchio, fiaschette in metallo cesellato, bottigliette o barilotti, questi ultimi collocati su tavole a parte, oppure sulla credenza, o anche a terra. I bicchieri di vetro, dapprima a piede, e le caraffe, cominciarono a diventare comuni dopo il Trecento, soprattutto in Italia.

Spesso si beveva in due nella stessa coppa, ma sono attestati anche bicchieri singoli di vetro a forma di tronco di cono, del tutto simili a quelli moderni. Vi erano poi speciali stoviglie per tavola che distinguevano i banchetti reali o dell'alta nobiltà. Di frequente troneggiava al centro della tavola la *"nave"*, così chiamata per la sua forma: era un recipiente di metallo prezioso, spesso vero e proprio capolavoro di oreficeria, che poteva essere adibito a saliera, ma anche a contenere il coltello e il cucchiaio, le spezie o persino gli antidoti ai veleni del signore. Non a caso la *nave* poteva venir chiusa a chiave, per evitare qualunque manomissione.

I bambini partecipavano solo eccezionalmente ai banchetti solenni, mentre le miniature del Tre-Quattrocento testimoniano la frequente presenza di cani, che si aggiravano intorno alla tavola in cerca di ossi e di avanzi gettati dai commensali.

I ricchi di solito nei banchetti non mangiavano molto pane, alimento decisamente popolare, e quello usato come tagliere, quindi imbevuto di condimento, veniva dato in elemosina. Quando si portava in tavola perché venisse mangiato, il pane era di solito sotto forma di piccoli pezzi individuali.

I banchetti avevano rituali da rispettare e formalità da condividere. Le differenze tra i diversi ceti sociali si riflettevano sull'organizzazione dei convivi, marcate soprattutto dal numero dei servitori presenti attorno alla tavola, che l'iconografia dei banchetti ci mostra per lo più giovani, in atteggiamenti molto deferenti, addetti a compiti individuali e precisi sotto la direzione del siniscalco o sescalco.

Così viene descritta la sobrietà di un banchetto nel Medioevo: "La tavola, o piuttosto le tavole (*mensae*) erano imbandite nella sala o, tempo permettendo, all'aria aperta… Mangiare era un atto solenne, pubblico […]. Il siniscalco badava alla parte più nobile delle pietanze, al *companagium*, a quei cibi (*escae*) comprati fuori e preparati in cucina, soprattutto la carne, che era compito del primo servitore presentare e tagliare davanti al signore. Trinciare la carne era una vera e propria arte, che spettava al servitore più nobile.

Dopo il siniscalco e sescalco, c'erano altri servitori addetti alle avarie mansioni, agli acquisti dei cibi, alla loro custodia, alla cucina, ecc. I vini erano sotto il controllo di un altro servitore di alto grado, il coppiere. Il vino veniva portato in tavola solo dietro suo ordine"[21].

Nei banchetti principeschi più alto era il rango dei convitati, più alto doveva essere, per fargli onore, quello di chi li serviva: al grande banchetto dato a Saumur il 24 giugno 1241 dal re di Francia Luigi IX per l'investitura cavalleresca di suo fratello, Alfonso conte di Poitiers, il cronista Joinville riferisce che *«davanti al re serviva in tavola il conte d'Artois, suo fratello; davanti al re scalcava le carni, col coltello, il buon conte Giovanni di Soissons"*[22].

In circostanze meno eccezionali, il festino era organizzato e diretto da un alto dignitario, una specie di maggiordomo, lo *"scudiero di cucina"* o *"magister coquine"*, che stabiliva i tempi e controllava il movimento dei *valets*.

Sempre in Francia, tra il personale addetto all'organizzazione e al servizio dei banchetti spiccavano, oltre al *magister conquine*, l'*echanson* o *echansonnier*, il coppiere, che si incaricava delle bevande, e l'*écuyer tranchant* o scalco, che si occupava delle carni. Il *maior domi*, "capo della casa", il coppiere, lo scalco e altri funzionari di corte erano quasi sempre cavalieri, e, al pari del cuoco, accompagnavano il loro signore ovunque si spostasse.

Con il passare del tempo, le gerarchie dei servitori alla tavola ed in funzione di questa andarono facendosi più definite.

A Milano, alla fine del Trecento, nonostante l'affollamento e la confusione apparente delle gioiose feste alla corte dei Visconti, la brigata di cucina era una vera e propria schiera di addetti. Il *"maestro di casa"* era il grado più alto del personale della corte viscontea. Lo *"scalco generale"*, responsabile dei pasti del signore, coordinava le attività del cuoco e del credenziere, presiedeva e organizzava il servizio della mensa, dava ordini e impostava il

---

[21] G.Duby, *Le origini dell'economia europea*, Bari, 1978
[22] J.de Joinville, *Livre des saintes paroles et des bons faiz nostre roy saint Looys*

ritmo del banchetto tra una portata e l'altra. Lo *"scalco di tinello"*organizzava i pasti del numeroso personale. Il *"cuoco"* lavorava in cucina ed era responsabile delle vivande calde. Il *"trinciante"* tagliava le carni e qualsiasi altra vivanda a richiesta del duca, con una precisa tecnica, sistemandole sui piatti di portata. Dalla fine del Quattrocento, l'arte del trinciare assumerà connotazioni di grande spettacolarità: in Italia, dove giunse probabilmente dalla Spagna, tramite la Corte di Napoli, comincerà ad essere praticata *"al volo"*, tenendo le carni a mezz'aria, sollevate con apposito forchettone, mentre altrove si preferirà continuare la più semplice e pratica, anche se meno spettacolare, trinciatura nel piatto.

Il *"credenziere"*, incaricato di preparare i piatti freddi di credenza, si occupava degli argenti e delle suppellettili, messe in mostra appunto nella credenza, nonché del tovagliato; in certi casi preparava anche torte salate, salsicce e mortadelle. Il *"coppiere"* sceglieva il vino e lo serviva in tavola, facendo fare la "credenza" dal *"bottigliere"* (o *"caneparo"*), responsabile della cantina e dei suoi approvvigionamenti. La "credenza" era un assaggio preventivo del vino e del cibo, in uso soprattutto dal Quattrocento, eseguito dal personale subalterno per scongiurare la presenza del veleno. L'etimo di "credenza" si collega infatti al *latino "credere con convinzione, prestar fede",* ed è propriamente un participio presente attivo, neutro plurale *(nom. sing. "credens, colui che crede"), che identifica "le cose credenti/credibili, affidabili": da qui il senso di "assaggio di cibi destinati a qualcuno importante sì da dimostrare la loro affidabilità, in quanto non avvelenati".*
In Lombardia, sia i Visconti che gli Sforza fissarono regole ferree per la cucina e la cantina. Ai tempi di Ludovico il Moro, in cucina, per suo espresso ordine, non dovevano lavorare più di quattro cuochi, quattro sottocuochi e due *"scottini"*. Il vino veniva distribuito solo a chi ne aveva diritto e quello destinato alla sua persona doveva essere tenuto chiuso nella torre, la cui chiave era custodita da un *caneparo* fidato e discreto.

Si tenevano registri aggiornati, mese per mese, di ogni spesa necessaria e doveva essere fatto, ogni anno, un inventario preciso di tutto ciò che era in dispensa.

**Portate dei banchetti, pasticci di cacciagione, intermezzi o tramezzi o *entremets***

Fin dall'alto Medioevo i banchetti offerti dalle famiglie signorili furono accompagnati da intrattenimenti, che non costituivano una novità, visto che erano ben contemplati già dai tempi dei Romani: nel *Satyricon* di Petronio, per fare un esempio, si accenna ad una lepre decorata in modo da sembrare Pegaso.

Le prime portate, dette *"di credenza"*, erano costituite da una serie di piatti freddi, di solito salati, ma a volte anche dolci; si proseguiva con quelli detti *"di cucina"*, piatti caldi di diverso tipo. Le cosiddette *"entrate"* o servizi erano formate da piatti diversi serviti contemporaneamente, iniziando con zuppe e continuando con arrosti, volatili, pesci, per terminare con i dolci. Quest'ordine però non era sempre rispettato, stando almeno alle cronache che ci sono pervenute. Le spezie confettate erano considerate *"uscite"*, e venivano presentate come ultima portata, o addirittura servite in un'altra stanza, per dar modo ai valletti di *"levare le tavole"*.

Le diverse pietanze non erano per tutti i convitati: i singoli servizi o, come si preferiva dire in Italia, le singole *"imbandigioni"*, venivano poste sulla tavola tutte insieme ed ognuno poteva mangiare quello che aveva a portata di mano. In pratica il servizio, come dice la parola, era l'azione di presentare piatti e di porli sulla tavola: non consisteva in un'unica pietanza, ma in una serie di preparazioni. La parola *"portata"* stava proprio ad indicare che il valletto "portava" i vari piatti; il termine inglese *"course"*, tra l'altro, suggerirebbe l'idea che il cameriere dovesse "correre" dalla distante cucina alla sala del banchetto!

Comunque sia, quando si legge di banchetti medievali con un elevato numero di portate, dobbiamo sempre aver presente che la regola dei servizi impediva agli invitati di mangiare di tutto.

Durante ogni portata di un banchetto, i commensali avevano di fronte una varietà di piatti dai quali potevano prendere quello che preferivano, ma alzarsi dal proprio posto per prendere una pietanza lontana era considerato scortese nei confronti dell'ospite e addirittura un'offesa al rango degli altri invitati. La disposizione del cibo non era casuale e i migliori arrosti erano sempre riservati ai posti privilegiati. Quanto al numero effettivo di piatti serviti in una portata, vale a dire la varietà e la scelta che ogni commensale aveva davanti a sé in ogni momento, poteva essere piccolo o grande, a seconda dei mezzi del padrone di casa.

Il *Ménagier de Paris* descrive pranzi che consistevano in due, tre o quattro portate di piatti. In Inghilterra, il pasto era diviso spesso in due o tre portate. Anche un grande banchetto formale poteva limitarsi a due soli servizi, come nelle case nobili più sobrie: ma le eccezioni dovevano essere numerose, se già Eginardo ai tempi di Carlo Magno sottolineava che un banchetto rispettabile comprendeva quattro portate più gli arrosti. Gli esempi italiani di banchetti solenni potevano arrivare a 10, 12 e più portate!

Proprio ai tempi di Carlo Magno, i banchetti iniziavano con gli araldi che inneggiavano tre volte alzando calici gemmati; dopo un intermezzo di mimi e acrobati, si mettevano a tavola i nobili, serviti dai dignitari; era poi la volta di questi ultimi, serviti dagli ufficiali del palazzo, infine dei capi servizio e dei loro sottoposti. Se ne deduce che la durata dei banchetti solenni dovesse essere raguardevole.

Intrattenimenti e liturgie gerarchiche di questo tipo con il secolo XII si moltiplicarono. Come ricordano molte testimonianze letterarie, *trovieri*, *saltimbanchi* o *buffoni* facevano a gara per rallegrare le tavolate più ricche. Indispensabili animatori dei banchetti erano i musicanti: in genere prima del Mille ci si accontentava di un solo musico, violinista o arpista, mentre in seguito il numero dei suonatori cominciò ad aumentare.

In linea di principio, i servizi nel Medioevo erano tradizionalmente ripartiti in alimenti liquidi e alimenti asciutti, carni, e un ultimo servizio che segnava il termine del pasto e il momento in cui le mense venivano sparecchiate. Dalle fonti dell'epoca risulta che per servire in tavola, di volta in volta e a seconda delle esigenze, si attrezzava un ambiente, attiguo a un altro locale, se possibile in comunicazione con la cucina: la sala destinata al banchetto vero e proprio ne era separata da tavole, sulle quali si depositavano le vivande in arrivo, per la preparazione dei grandi piatti di portata.

Il banchetto aveva inizio con la lavanda delle mani, annunciata in Francia, in Borgogna, in Savoia da un suono di corno o di un altro strumento a fiato (detto in Francia *"corner l'eau"*): agli ospiti veniva offerto di lavarsi le mani con acqua tiepida aromatizzata da petali di rosa o erbe odorose come salvia, camomilla, maggiorana o rosmarino, asciugandole con un asciugatoio. Alla medesima lavanda si procedeva al termine del pasto. Secondo la consuetudine, anche ogni servizio era segnalato dal suono del corno (*"corner les assiettes"*). Al comando del *magister*, i valletti facevano dapprima fare il giro della sala al piatto di portata, che Maître Chiquart, cuoco di Amedeo VIII di Savoia, raccomandava di portare *"bien pleine et heslevé hault"*, perché tutti ammirassero la magnificenza delle preparazioni; quindi lo presentavano al signore o all'ospite più importante. Solo dopo questa mostra i vassoi venivano di nuovo posati sulle tavole di partenza, e i cibi trasferiti su vassoi più piccoli e maneggevoli, per essere presentati frontalmente ai commensali, con una riverenza, sempre a partire dal più nobile di loro.

Ovviamente feste di questo tipo richiedevano un personale molto numeroso: in certi banchetti principeschi del Quattrocento si arrivò al punto che ogni servizio venne caricato di specifici significati allegorici ed i valletti indossarono di volta in volta livree del colore delle pietanze più importanti dei singoli servizi.

Fin dall'alto Medioevo le carni, quasi sempre di cacciagione o di pollame, venivano presentate con fantasia, anche sotto forma di *pasticci*, saporiti e nutrienti. Nella preparazione delle vivande, i cuochi si ispiravano alle pitture del tempo per riprodurre scene storiche o mitologiche: con i pasticci, ma anche la pasta, si potevano scolpire figure e ideare soluzioni gastronomiche per una sorprendente scenografia conviviale.

Nell'*Anonimo toscano*, ricettario di inizio Trecento confluito nella raccolta del *Liber de coquina*, è spiegato come allestire un banchetto per i giorni di festa con creazioni di pasta: con la pasta si costruiva un albero, una vite o un giardino, dove appendere frutti, sempre preparati con pasta colorata, in mezzo al quale si metteva una sorta di gabbia di pasta, al cui interno però potevano entrare uccelli veri: *"Nelle gran feste e dì pasquali, fa di pasta uno arbore o vite, o giardino. E in su l'arbore appicca pomi, pere, o uccelli diversi, o uve, o ciò che tu vuoi, fatti di pasta distemperata con ova; e debbiansi empire di empiture sopra dette e coloralle di diversi colori; come giallo, verde, bianco e nero. A onore del detto arbore, poni nel mezzo d'esso uno pastello, ovvero gabbia piena d'uccelli; e in tale arbore puoi ponere tutti i frutti, li quali troverai, secondo e diversi tempi. Quando si portarà nella corte, facciasi sotto l'arbore (o vite, o giardino) fuoco di legne altamente, e ponanvisi vergelle odorifere; e ponanvisi pomposamente".*

In queste scenografie c'è ancora la sobrietà medievale, e siamo molto lontani dalla favolosa progettazione del convito rinascimentale.

Con l'avanzare del XIII secolo, tuttavia, alle tavole reali e nobiliari si continuarono a rappresentare fatti storici o mitologici e allegorie sempre più complesse, a volte fastosissime, miranti a glorificare il signore o la casata in onore della quale si teneva il festeggiamento.

Il *pasticcio* medievale, preparazione gastronomica riportata in diversi ricettari, si prestava a soluzioni molto scenografiche e ad essere scolpito in vere e proprie sculture. Ebbe particolare successo la *"testa di monaco"*, che non era una vera testa, ma una costruzione bizzarra, forse ispirata agli inconfessati peccati di gola dei prelati, simile ad un castello, a base di lasagne, ravioli, miele, uva passa, datteri, nocciole, cipolla soffritta. Altre componenti dei pasticci medievali erano soprattutto piccioni, pernici, oche, polli e quaglie. Oltre alla carne, nei pasticci non mancavano mai il pane, indispensabile per amalgamare il composto, e un brodo ristretto, scuro e poco schiumato. Il formaggio era invece l'ingrediente principale dei "*fladones*" o "*fiadoni*", un tipo di pasticcio che si avvicinava alla torta salata, attestato già nei documenti dell'XI-XII secolo. La ricetta più comune del pasticcio era relativamente semplice e prevedeva di fare più strati con la carne, tagliata a pezzi e cotta nello strutto, e con fette di pane inzuppate nel brodo, aggiungendo uova o tuorli sbattuti, erbe aromatiche come la santoreggia, la menta o la salvia, gherigli di noci, mandorle, sale, e sigillando alla fine la preparazione con dell'altro pane. Questo composto di carne veniva infornato, portato a cottura e servito caldo: il suo colore alla fine doveva esser ambrato, quasi bronzeo, ma spesso lo si decorava con foglie d'oro, piume, erbe o fiori. Come accompagnamento ai pasticci di carne, si usava servire una scodella di brodo, forse per aiutare la loro difficile digestione.

Progressivamente sui banchetti medievali comparvero anche quelli che in Francia furono detti *entremets*, e in Italia *intermezzi* o *tramezzi*: in origine ideati come riempitivi tra una portata e l'altra (*"entre"* = tra e *"mets"* = piatto, portata), a poco a poco assursero al ruolo di vere e proprie rappresentazioni, cioè di spettacoli, destinati a trasmettere un messaggio allegorico o politico.

Sembra che il primo banchetto con *entremets* sia stato quello, già citato, offerto da San Luigi a Compiègne nel 1237, in occasione del matrimonio del fratello Roberto d'Artois.[23] La virtù degli *entremets* era addirittura la semplicità, derivante dal fatto che fossero una pausa, in modo che il palato non venisse fiaccato da eccessive delizie e potesse meglio apprezzare le varie portate. Ma tale natura semplice andò complicandosi con il passare del tempo, ed il *tramezzo* o *intermezzo* non fu più esclusivamente e neppure principalmente un fatto culinario, diventando un divertimento tra una portata e l'altra, e quindi un vero e proprio spettacolo.

La materia prima con cui i cuochi scolpivano le creazioni degli *entremets* era spesso costituita da *pasticci* di carne (*pâtés*) o da composizioni dolci a base di zucchero, latte di mandorle, pane.

Uno dei più elaborati *entremets* fu il cosiddetto *Faugrenon* nella versione del *Viandier*, ricettario scritto attorno al 1380 dal francese Taillevent, pseudonimo del celebre cuoco Guillaume Tirel (1310-1395), operante alla corte di Francia: raffinato *pasticcio*, prevedeva di tritare fegatini e rigaglie di pollo o di vitello bolliti e di friggerli nel lardo; aggiungendo rossi d'uovo, zenzero, cannella, chiodi di garofano, vino e agresto al brodo di bollitura, filtrando il tutto e versando il liquido sulla carne, si aggiungevano pane e

---

[23] M. Vincent-Cassy, *La vue et les mangeurs: couleurs et simulacres dans la cuisine médiévale*, in AA.VV., *Banquets et manières de table au Moyen Age*, Aix-en-Provence, 1996)

zafferano, per ottenere un piatto di colore giallo dal gusto aspro dell'agresto, da spolverizzare di cannella.

Altri *entremets* citati dal Taillevent erano dolci, e venivano preparati con fichi, uvette, cialde e croste di pane bolliti in latte di mandorle, fino ad ottenere un composto abbastanza denso da potersi sciogliere o modellare.

Grandes Chroniques de France, rievocazione della conquista di Gerusalemme al banchetto offerto da Carlo V, fatta per l'incoronazione di Carlo VI, Bibliothèque Nationale de France, Parigi, Ms FR 2813 Fol 473v (1375-1380)

Nel 1378 Carlo V offrì all'Imperatore un banchetto con due grandiosi *entremets*, che raffiguravano la conquista di Gerusalemme da parte di Goffredo di Buglione.[24]

L'*Anonimo Napoletano*, ricettario un po' più tardo (XV secolo), cita un *entremets* coloratissimo, *"il piatto dello scacchiere"*, composto da gelatine di vari colori: una chiara, trasparente, una gialla (con zafferano), una rossa (con corniole), una verde (con prezzemolo o altre erbe) o blu pavone (con bucce di carote cotte, secondo il testo del manoscritto).

*Intermezzi* figurati di insuperabile impatto si susseguirono nel celebre *"Banchetto del Fagiano"*, organizzato il 17 febbraio 1454 a Lilla per solennizzare il voto del duca di Borgogna Filippo il Buono, poi non mantenuto, di intraprendere una crociata per togliere ai Turchi Costantinopoli, in mano al Sultano dall'anno prima. Nel corso della festa, preceduta da una giostra, furono mostrate straordinarie preparazioni, che comprendevano, in formato ridotto, chiese con le campane che suonavano, fontane, navi, castelli, animali selvatici e fiabeschi. E' interessante notare che, fra le tante meraviglie che affascinarono un gran numero di ospiti, il banchetto vero e proprio rappresentò forse la parte meno importante, benché ogni servizio comprendesse ben quarantotto piatti!

Di Maître Chiquart, o *Amiczo Chiquart*, cuoco che fu a servizio di Amedeo VIII di Savoia (padre di quella Maria di Savoia che sposò nel 1427 il duca di Milano Filippo Maria Visconti) ed autore di un libro di cucina intitolato *Du fait de cuysine* (1420), è noto un grandioso *entremets*, nel ricettario definito *"spettacolare"*, che apparve tra due lunghe portate di un banchetto di grasso, e che raffigurava un modello del *Castello dell'Amore*[25]. Portato nella sala del banchetto da quattro persone, sopra una piattaforma, alla fine del secondo servizio, il castello doveva lasciare spazio anche per una ribecca, un liuto, un salterio e un'arpa!

---

[24] M.Vincent-Cassy, op.cit.
[25] *Du fait de cuysine*, ricetta 10

Sopra questi, visibili attraverso le finestre di ognuno dei quattro angoli del castello, c'erano una testa di cinghiale che sputava fiamme, un luccio diviso in terzi cotti e conditi con salse differenti, un maialino glassato e un cigno "spogliato" e "rivestito", che sputavano entrambi fuoco. Nel cortile del castello trovava posto, tra cespugli, fiori, colombi e altri uccelli, la Fontana dell'Amore, da cui sgorgavano acqua di rose e vino chiaretto speziato, mentre un'oca arrosto troneggiava, rivestita nella pelle di un pavone con la coda a ruota. Al di là dei muri del cortile, fabbricati con dei *pâtés* di carne, su un mare tempestoso che copriva i due piedi inferiori dell'intera struttura e aiutava a celare le persone nascoste, dei galeoni portavano un'armata che stava conducendo un assedio senza risultato al Castello dell'Amore. Questo splendido intermezzo non solo annunciava la fine del pasto, ma era l'elemento che idealmente separava il pranzo dalla cena, uno spettacolo durante il quale gli addetti avrebbero potuto provvedere al nuovo 'apparecchio' della mensa"[26].

Nella categoria degli *entremets*, dilagò presto l'uso dei *"cibi finti"* o *"in maschera"*, che nel corso dei decenni del Trecento incontrò crescente fortuna anche al di fuori dei banchetti ufficiali. Venivano riprodotti animali come serpenti, ricci, marmotte e porcospini, le cui scaglie o i cui aculei erano resi con l'aiuto di mandorle, intere o in schegge. I cibi mascherati aiutavano anche a portare sulle tavole varietà di alimenti che non erano di stagione.

I cuochi inglesi del Trecento manifestarono una predilezione per le creazioni fatte con la pasta, dando forma ad esempio a piccoli castelli o *"chastelets"*, le cui preparazioni sono descritte nel ricettario inglese del Trecento chiamato *Forme of Cury*: le merlature lungo il bordo superiore delle croste di queste torte salate, somiglianti alle attuali crostate, consentivano di creare torri

---

[26] A.Salvatico, *Il principe e il cuoco. Costume e gastronomia alla corte sabauda nel Quattrocento*, Torino, 1999, pp. 38-39

in miniatura, cilindriche o quadrate, guglie, campanili, navi e carri trionfali.

Con l'avanzare del Trecento, i cuochi delle corti reali e dei nobili, in particolare in Italia, in Francia e in Inghilterra, si misero a fare variazioni sul tema della presentazione in tavola di animali cotti, fissati in pose naturali, in modo da sembrare vivi.

La testa di cinghiale colta in atto di mangiare una mela, giunta fino a noi, è uno dei modelli di questa cucina di "rianimazione". Gallina, cigno e pavone venivano sottoposti a un elaborato processo di spellatura, prima della cottura, in modo da salvare le loro penne: dopo la cottura, la carne dell'animale (cotta) veniva rimessa nella pelle e nelle penne, insomma "rivestita" prima di essere presentata nella sala del banchetto.

Nel Quattrocento simili mirabilia comprendevano il trucco più o meno generalizzato di sostenere la selvaggina in un'intelaiatura: nel caso del pavone, la sua coda veniva fissata, aperta, in una specie di cornice. Lo scopo era quello di far credere che gli animali non fossero stati cotti. Abbiamo notizia che Maître Chiquart si vantava di aver inventato un altro trucco dello stesso tipo: per il grandioso tramezzo del Castello dell'Amore descritto sopra, fece spellare nel modo consueto un pavone, sostituendone poi le carni con quelle di un'oca cotta e rivestendola con le penne del pavone stesso, in modo che i banchettanti, che si aspettano di trovare la carne piuttosto insipida, dura e fibrosa del pavone, fossero deliziati nel trovare l'oca arrosto.

Nel Medioevo era consuetudine che il pavone venisse servito in tavola dalla dama più nobile, e che i cavalieri, prima di tagliarlo, pronunciassero voti, promesse, impegni. L'usanza dei voti sul pavone è descritta in numerose versioni trecentesche e quattrocentesche dei *Voeux du paon* di Jacques de Longuyon e narrata anche da Boccaccio in un passo del Filocolo: era collegata alla fermezza e inalterabilità che la leggenda attribuiva alle carni dell'animale.

Anche il pesce, collocato senza contorni o decorazioni su vassoi, appariva spesso sulle tavole dei banchetti medievali come animale simbolico, con implicazioni religiose, perché lo si considerava allusivo ad argomenti sacri.

Un amore particolare per il pavone e per il suo simbolismo in Lombardia si può dedurre dalla seguente lettera scritta nel 1456 a Bianca Maria Visconti da Antonio de Pontoni, da Pavia, che ne approfittava anche per inviarle del *gragnolato* dell'Oltrepò (una sorta d'uva): *"L'anno passato la excellentia vostra me fece richiedere se haveva alcuni pavoni novegli ne volesse mandare ad essa vostra excellentia, e perchè non ne haveva veruno non posse satisfare a lo piacere vostro; unde in questo anno ne ò facto alevare alcuni, il perché me pareno essere boni ne mando per lo portitore de la presente ad essa vostra excellentia quatro cum una meza soma de gragnolato de quello de Oltre Po"*[27]

[27]Lettera da Pavia, 22 settembre 1456 (A.S.M. Sforzesco 1457 c.53)

*Anciennes et nouvelles Chroniques d'Angleterre*, **Banchetto di Jehan de Wavrin, Londra, British Library, Royal 14 E IV F 265v (1475 circa)**

Dal sabaudo Maître Chiquart ricaviamo la ricetta dei *Capponi Pellegrin* da presentare ai banchetti: ogni cappone teneva in mano un bastone costituito da una lampreda arrosto o da una *"grande anguilla fresca"*, se la lampreda non era disponibile.[28] Nei giorni di magro, la stessa ricetta consigliava lucci glassati ed ogni luccio aveva sotto la pinna un bastone da pellegrino sostituito da una lampreda (come si può leggere nel paragrafo dedicato al banchetto nuziale del 1403 di Amedeo di Savoia e Maria di Borgogna).

---

[28] *Du fait de cuysine*, ricetta 45

86

Il gusto della contraffazione giocosa degli alimenti nel Quattrocento in Italia si diffuse al punto da pervadere la vita quotidiana ed ispirare burle. Il cortigiano Zanetto scriveva a Bianca Maria Visconti nel 1459 citando alcuni cibi camuffati: *"Io mando per lo presente cavallario alla vostra signoria doe scatole de pignoli; in una ho delli annexi doe de coriandoli, quali sonno coperti de zucharo fino che facilmente inganneranno la brigata; li pignoli sono faxoli, li coriandoli sonno cixi"*.[29]

## Stare a tavola dall'Alto Medioevo al Quattrocento

### Carlo Magno: norme igieniche nelle coltivazioni e la nascita del protocollo a tavola

La tradizione etrusca e romana, frutto di una civiltà agricola, non esitava a porre i cereali ed il pane al centro del suo sistema alimentare e a considerarli ideali per ogni uomo, dal contadino al soldato. Il mondo romano era un mondo di pane di *siligo, triticum aestivum*, il grano tenero: il modello a cui ispirarsi era quello del condottiero agricoltore. Il pane rimase alla base dell'alimentazione tardoantica, anche se non sempre si trattava di pane di frumento e di forno.

Qualcosa cambiò invece nell'alto Medioevo, quando alimentarsi con la carne divenne il modo di manifestare superiorità delle classi dominanti. Per rafforzare questa identità, spesso anche i cognomi delle famiglie nobili nacquero dal mondo degli animali carnivori: Lupi, Orsi, Leoni, Leopardi. La concezione fisica e muscolare del potere, che vedeva nel capo anzitutto un valoroso guerriero e cacciatore, produsse grandi mangiatori di carne tra i Longobardi, ma fu soprattutto l'imperatore Carlo Magno a rappresentare perfettamente questa icona di uomo potente che consumava più cibo degli altri.

---

[29] Lettera da Milano, 22 maggio 1459 (ASMi, 1457 c.3).

La peculiarità delle mense altomedievali non fu quindi tanto l'allestimento delle portate, quanto piuttosto la loro abbondanza: i cibi erano numerosi, ma prevaleva la carne, con molte e diverse salse.

Le fonti offrono numerosi esempi: un curioso aneddoto riportato dalla *Cronaca di Novalesa* (XI secolo) narra che nel 773, mentre Carlo Magno tentava di forzare le Chiuse, il longobardo Adelchi, figlio del re Desiderio, s'insinuò in incognito nel campo dei Franchi e riuscì a prender parte a un banchetto offerto dall'imperatore. Poiché secondo la consuetudine Adelchi, mangiando, si gettava alle spalle gli avanzi e le ossa spolpate, i vicini notarono le dimensioni del cumulo, e, ignari di chi fosse lo sconosciuto, affermarono ammirati: *"Costui per certo è un guerriero di buon lignaggio, se mangiò un così grande cosciotto di porco, e in due sorsi beve un recipiente di vino! Ben dura guerra deve condurre ai suoi nemici!"*.

Un apprezzamento quasi analogo è tributato a un eroe di una chanson de geste del XI secolo, la *Chanson de Guilleaume d'Orange*.

Nei banchetti del primo Medioevo non erano quindi particolarmente apprezzate né la maestria dei cuochi nel preparare pietanze sontuose, né la raffinatezza di modi dei convitati, quanto piuttosto la capacità di divorare grandi quantitativi di carne, per lo più bollita o arrostita (metodo di cottura "primitivo", ma prediletto dagli aristocratici), e salutata come una dimostrazione di virilità guerriera paragonabile al vigore dei grandi carnivori. Le carni, se non bollite, venivano cucinate allo spiedo: quest'ultima preparazione si avvaleva spesso di carni già cotte mediante bollitura, e poi infilzate sugli spiedi, in enormi camini, all'interno dei quali stavano dei calderoni appesi a ganci. Non era raro che polli, maiali ed uova venissero cotti assieme, separati da contenitori di vetro o terracotta.

Secondo la *Vita Karoli* del suo biografo Eginardo, Carlo Magno più di ogni altra cosa predilegeva li arrosti: *"Sobre dans le boire et le manger, il l'était plus encore dans le boire; haïssant l'ivrognerie dans quelque homme que ce fût, il l'avait surtout en horreur pour lui et les siens. Quant à la nourriture, il ne pouvait s'en abstenir autant, et se plaignait souvent que le jeûne l'incommodait. Trés rarement donnait-il de grands repas; s'il le faisait, ce n'était qu'aux principales fêtes; mais alors il réunissait un grand nombre de personnes. A son repas de tous les jours on ne servait jamais que quatre plats outre le rôti que les chasseurs apportaient sur la broche, et don't il mangeait plus volontiers que de tout autre mets. Pendant ce repas il se faisait réciter ou lire, et de préférence, les histoires et les chroniques des temps passés".[30]*

Ormai in età avanzata, ammalato di gotta, Carlo Magno si rammaricava che i suoi medici lo esortassero ad alleggerire la dieta e non gli permettessero più di mangiare a sazietà la carne arrostita. Scrive ancora Eginardo: *"Il jouit d'une santé constamment bonne jusqu'aux quatre dernières années qui précédèrent sa mort; il fut alors fréquemment tourmenté de la fièvre, et finit même par boiter d'un pied. Dans ce temps de souffrance il se conduisait plutôt d'aprés ses idées que par le conseil des médecins, qui lui étaient devenus presque odieux pour lui avoir interdit les viandes rôties dont il se nourrissait d'ordinaire, et prescrit des aliments bouillis".*

Tra le carni alle mense dei nobili, nel primo Medioevo, l'assoluta preminenza andava alla selvaggina: volatili e lepri, compresi cervi e caprioli, prede delle cacce aristocratiche, erano assai più diffusi rispetto ai bovini, allevati almeno fino alla metà del Duecento non per la carne, ma per i latticini, la pelle e il lavoro agricolo. Molto consumata in ambito europeo era anche la carne di maiale, che aveva molteplici impieghi, alcuni decisamente popolari, come il cosiddetto *lardum*, una sorta di pancetta che in epoca longobarda i lavoratori dei campi e delle vigne ricevevano in pezzi e che scioglievano nella loro zuppa di cereali.

---

[30] *Des faits et gestes de Charlemagne - Vie de Charlemagne par Eginhard*, François-Pierre-Guillaume Guizot, in *Collection des Mémoires rélatifs à l'Histoire de France*, Paris, 1824

In realtà, contrariamente a un'opinione diffusa, il consumo di carne suina era già tipico del mondo romano, in cui intere regioni come il Sannio e l'Irpinia avevano avuto vere e proprie transumanze di maiali per fornire di carne suina la plebe, sopravvissute fino all'età gota.

Secondo Strabone, i Galli si caratterizzavano proprio per essere grandi consumatori di carne di maiale, fresca o salata ("... *i Galli allevano così tanti maiali, da rifornire non solo Roma, ma tutta l'Italia, con salumi [...] i maiali vanno errando per le campagne e spiccano per altezza, forza e celerità, tanto che per chi non ha abitudine di accostarvisi sono pericolosi al pari dei lupi...*").[31]

Nell'alto Medioevo erano estesissime nel centro dell'Europa le foreste di querce e l'allevamento di maiali, la cui predilezione per le ghiande era ben conosciuta, venne grandemente incentivato. I boschi di querce stessi venivano valutati in base al numero di maiali che potevano sostentare, e vescovi, principi e signori permettevano nei propri domini l'allevamento di questi animali, prevalentemente brado nei boschi, dove i branchi venivano condotti, sia con lo scopo di rifornire le proprie tavole, sia per le fiere e i mercati. In cambio, il possessore dei suini era tenuto al versamento di una sorta di canone in natura, di solito teste di maiale: la testa di maiale, ed in particolare la lingua, erano molto gradite in Francia e figuravano spesso nei banchetti aristocratici. In genere la carne di maiale era consumata bollita, per quanto l'arrosto fosse prediletto dai nobili.

Anche se le portate alla tavola di Carlo Magno, come abbiamo letto, erano contenute entro le quattro, più gli arrosti, e i grandi pranzi erano relativamente poco frequenti, durante il suo regno si cominciarono a definire le prime regole moderne dello stare a tavola.

---

[31] Strabone, *Della Geografia Libri XVII*, Vol. II, Capo IV

Ad esempio erano ammesse al banchetto le *"donne oneste"* (escluse presso Greci e Romani), ai commensali veniva consigliato di curare la pulizia di vesti e mani e di stare compostamente seduti, abbandonando l'antica posizione semidistesa. Nelle occasioni ufficiali, il *"siniscalco"* Audulfo si circondava di cuochi e camerieri, che presentavano i vassoi all'imperatore. Dietro il siniscalco c'era il *coppiere* Eborando con il suo carico di vasi preziosi, quindi gli altri subalterni di sala. Il servizio veniva effettuato seguendo un rigoroso protocollo, che ricordava a tutti la gerarchia della struttura imperiale. Notcaro il Balbulo, monaco di San Gallo, racconta che, mentre Carlo sedeva su di un seggio più elevato, al suono di flauti e trombe gli venivano portate le pietanze offerte dai notabili facenti parte dell'Impero.

Prima della sua incoronazione imperiale, Carlo emanò il *Capitulare de villis,* il più famoso capitolare carolingio. In questo imponeva per il benessere della comunità regole e norme igieniche precise ai suoi fattori, che avrebbero avuto conseguenze determinanti sull'alimentazione medievale: il capitolare stabiliva tra l'altro di mettere la più grande diligenza perché tutti i manufatti, cioè lardo, carni affumicate, salate, vino, formaggi, birra, miele, farina, fossero preparati e lavorati con gran pulizia. L'opera imperiale comprendeva anche una lunga lista delle piante che dovevano essere coltivate nell'orto di ogni residenza signorile, in pratica un catalogo di botanica medievale, che andava dalle piante aromatiche agli alberi da frutta.

### I banchetti fino al Duecento. Bonvesin da la Riva e il nuovo protocollo a tavola

Se dobbiamo credere a Donizone, biografo di Matilde di Canossa e autore agli inizi del sec. XII del poema *Acta Comitissa Matildae,* in cui cantava le imprese sue e del suo casato, il banchetto organizzato fra il 1037 e il 1038 dal marchese Bonifacio, padre di Matilde, in occasione delle sue nozze con Beatrice di Lorena, sarebbe durato addirittura tre mesi, con un incredibile dispiego di risorse e di mezzi (secondo altre fonti, le nozze sarebbero state invece celebrate in Lorena fra il 1036 e il 1037).

*Vita Mathildis* (*Acta Comitissa Matildae*) di Donizone, miniatura dell'originale presso Biblioteca Apostolica Vaticana, Roma, Codice Vat Lat 4922 (1115 circa)

*[...]*
*Tre mesi il banchetto nuziale durò;*
*le spezie non erano tritate al mortaio, ma macinate*
*qual spelta ai mulini ad acqua corrente,*
*dal fondo di un pozzo il vin si traeva*
*che da un'altra cisterna in esso fluiva:*
*una secchia d'argento pendeva ad una catena*
*pur essa d'argento,*

*e con quella il vin si attingeva, dolcissimo nettare.*
*Un cavallo portava alla mensa le coppe ed i piatti,*
*d'argento e d'oro splendeva il vasellame.*
*Timpani e cetre, lire e cornamuse suonavano intorno,*
*e ricchissimi premi il nobile duca ai mimi donò.*
*A Marengo ebber luogo questi grandi conviti.*

Nel banchetto di riconciliazione tra papa Gregorio VII e il giovane imperatore Enrico IV, cugino di Matilde, tenutosi nel castello di Canossa il 28 gennaio 1077, furono servite tante prelibatezze. Si mangiò per un'intera notte, le portate furono più di venti: tra le pietanze, vennero portati in tavola zuppa di ceci, arrosti di bue aromatizzati alle erbe, selvaggina varia e cinghiali, mentre un vitello arrosto intero conteneva nel ventre pernici e fagiani. Ma quello che più stupì i commensali fu un piatto raffinatissimo, il *biancomangiare* o *bramagère*, che in realtà non era una ricetta specifica, ma una preparazione medievale dolce o salata interpretata a seconda delle diverse aree geografiche: basata sulle presunte qualità del colore bianco, simbolo di purezza e ascetismo, prendeva il nome dal colore degli ingredienti che prevalevano nella sua elaborazione, come petto di pollo, mandorle, latte di capra o di mandorle insaporiti da chiodi di garofano e acqua di rose, riso, zucchero, lardo, zenzero bianco ed altro.

Cibo destinato alle classi superiori per la sua raffinata composizione, il *biancomangiare* caratterizzò fortemente i banchetti nobiliari fin dall'XI secolo: si ritiene che abbia avuto origine in Francia, perché i vari modi di definirlo, come *blanche mangieri*, *balmagier*, *bramagère*, appaiono di chiara derivazione francese, o che in alternativa potesse avere le proprie radici nella cucina araba.

Nel *Liber de coquina*, primo ricettario in volgare, databile tra la fine del Duecento e i primi anni del Trecento, il *biancomangiare* risulta confezionato con petti di pollo cotti e tagliati a filetti, farina di riso stemperata in latte di capra o di mandorle, il tutto messo a bollire a fuoco lento con zucchero in polvere e lardo bianco sciolto.

Preso atto che veri e propri trattati di cucina medievale, intesi come raccolte organizzate di procedure e di ricette, non apparvero che a partire dalla fine del Duecento, in Italia come in Europa, tra il secolo XI e il XII è soprattutto la letteratura a darci un'idea di quale fosse lo spirito del mangiare e del banchettare.

Chrétien de Troyes, nel *Perceval ou le roman du Graal* (fine del XII secolo), ci narra di un banchetto alla corte di un sovrano con queste parole: "*E il signore ordina di dar l'acqua alle mani e di metter la tovaglia; così fanno quelli che ne avevano l'incarico e che avevano l'abitudine di farlo. Il signore e il giovane si lavano le mani nell'acqua scaldata al punto giusto, mentre due valletti portavano una larga tavola d'avorio: come la storia testimonia era tutta d'un pezzo. La tengono un po' davanti al signore e al giovane, finché vennero altri due valletti che portavano due cavalletti. [...] Di che cosa erano fatti? Di ebano. Non c'è da stare attenti che marcisca o bruci: di queste due cose non ha cura. Su questi cavalletti viene messa la tavola e su questa la tovaglia. Cosa dire della tovaglia? Legato né cardinale né papa non mangiarono mai su una più bianca. Il primo piatto è una coscia di cervo nel grasso col pepe caldo; non manca loro né vino chiaro né mosto da bere piacevolmente in coppe d'oro. Un valletto davanti a loro taglia la coscia di cervo al pepe sopra un piatto d'argento, e ne pone i pezzi davanti a loro su una larga focaccia. [...] Il pasto è bello e buono; il valent'uomo, e con lui il giovane, furono serviti la sera di tutti i cibi abituali di re, conti e imperatori [...] elettuario per la fine, e zenzero d'Alessandria, gelatina aromatizzata e stomatica. Poi bevvero diverse bevande, vino forte senza miele né pepe, e buon vino di more e chiaro sciroppo*".

A parte l'esagerata ricerca del particolare prezioso, come la tavola d'avorio in un pezzo unico e i cavalletti d'ebano, legno creduto incombustibile nel Medioevo, la scena raffigura sia il cerimoniale della preparazione della mensa, sia il servizio da parte dei valletti. Un accenno tocca anche alle portate e alle bevande, ma l'interesse per la parte alimentare del banchetto appare limitato, come se la qualità delle vivande fosse marginale rispetto al sontuoso apparato dei festeggiamenti.

Scena di banchetto da *"Perceval ou le compte du Graal"*, Chrétien de Troyes, 1181-1185, Bibliothèque Nationale de France, Parigi, Ms FR 12577 Fol 74v (trascrizione del 1330 circa)

Anche nel romanzo occitano duecentesco *Flamenca*, si pone attenzione al contesto del banchetto e si sottolineano la varietà e l'abbondanza delle vivande più che la loro natura: *"Dopo essersi lavate le mani, tutti prendono posto a sedere, e non già su panche, ma sopra cuscini rivestiti di seta; e non si creda che fossero ruvidi i tovaglioli con cui asciugarsi le mani; al contrario, erano di stoffa pregiata e morbida. Quando le dame si furono accomodate, arrivarono vivande di ogni specie, ma non è il caso che ve le elenchi: tutto ciò che è possibile confezionare col grano, con radici commestibili, con l'uva, con la frutta e con le primizie, tutto ciò che si possa o voglia mangiare di quello che l'aria, la terra o gli abissi del mare contengono, v'era in tale abbondanza che colui che ne riceveva di meno, non aveva da invidiare chi vedeva più favorito ".*

Uno dei primi e più interessanti esempi di "galateo" può essere considerato, nel tardo Duecento, il *De quinquaginta curialitatibus ad mensam* del milanese Bonvesin da la Riva, breve opera in rima dal titolo latino ma dal testo in volgare lombardo, con la quale l'autore, forse maestro di scuola, enumera cinquanta *"cortesie da desco"* consigliabili a chi desideri comportarsi educatamente in un convito. Abbastanza semplici, i precetti di Bonvesin testimoniano un decoroso buon senso borghese, spaziando dall'opportunità di non stare scomposti a tavola (*"no apodiarse sor la mensa bandia"*), a non mettersi le dita in bocca per ripulirsi (*"descolzar"*) i denti, o non far rumore con la bocca quando si mangia con il cucchiaio. Interessante è anche il consiglio di non infastidire i vicini con discorsi sgradevoli o litigiosi, stando a tavola *"cortese, adorno, alegro e confortoso e fresco...".*

Bonvesin ha grande riguardo per le donne con le quali divide la mensa, a conferma di un'ormai ampia diffusione anche presso i ceti borghesi della cultura cortese, nata negli ambienti aristocratici della Provenza e della Francia meridionale: *"chi si trovasse a mangiare su un tagliere con una donna, tagli la carne per sé e per lei: l'uomo deve dimostrarsi più sollecito, attento e cerimonioso (honorevre) di quanto debba ragionevolmente farlo la timida donna (femena vergonzevre)".*

Ecco qualche "cortesia" estrapolata dall'opera di Bonvesin:

> *La cortesia cinquena: sta' conzamente al desco,*
> *cortese, adorno, alegro e confortoso e fresco;*
> *no di' stà cuintoroso ni gramo ni travacao*
> *ni co le gambe incrosae ni torto ni apodiao.*
> *La quinta cortesia: siedi a tavola come si conviene,*
> *cortese, educato, allegro e di buon umore;*
> *quindi non devi essere né astioso né corrucciato né scomposto*

*e neppure tenere le gambe incrociate.*

*La cortesia sexena, da po' ke l'hom se fidha,*
*sì è: no apodiarse sor la mensa bandia.*
*Ki fa dra mensa podio, quel hom no è cortese,*
*quand el gh'apodia le gomedhe on ghe ten le brace destese.*
*La sesta cortesia: se possibile*
*non ci si deve appoggiare alla tavola imbandita.*
*Perché non è educato appoggiare*
*i gomiti o stendere le braccia.*

*La cortesia setena sì è, in tuta zente:*
*no trop mangiar ni poco, ma temperadhamente.*
*Quel hom, o' k'el se sia, ke mangia trop ni poco,*
*no vego quent pro se ghe sia a l'arma ni al corpo.*
*La settima cortesia è per tutti:*
*non mangiare né troppo né poco, ma moderatamente.*
*Colui che mangia troppo o troppo poco,*
*non trae alcun vantaggio né per l'anima né per il corpo.*

*La sedesena apresso sì è con veritae :*
*no sorbiliar dra boca quand tu mangi con cugial.*
*Quel hom e quella femena k'entro cugial forfolia,*
*fa sì com' fa la bestia ke mangia la corobia.*
*La sedicesima poi  è*
*non sorbire rumorosamente quando mangi col cucchiaio.*
*Altrimenti l'uomo e la donna che lo fanno,*
*si comportano veramente come la bestia che mangia il pastone.*

*L'oltra è: ki fosse con femene sovra un talier mangiando,*
*la carne a si et a lor ghe debla esser taliando.*
*L'omo dé plu esse intento, plu presto et honorevre*
*ka no dé per rason la femena vergonzevre.*
*L'altra è: chi stesse mangiando da un tagliere con donne,*
*deve tagliare la carne per sé e per loro.*
*L'uomo deve essere più premuroso, più sollecito e servizievole*
*della donna che per riservatezza non è in grado di esserlo.*

*Pos la trentena è questa: zascun cortese donzello*
*ke se vol mocar al desco, co li drapi se faza bello.*
*Ki mangia on ki ministra, no se dé mocar co le die;*
*col i drapi da pei se monde, et use de cortesie.*
La trentunesima è questa: ogni giovane educato
che voglia soffiarsi il naso a tavola, si pulisca con i fazzoletti.
Chi mangia o chi serve, non deve pulirsi il naso con le dita;
si pulisca con teli e usi cortesia.

*La trentaogena è questa: no recuitar ree nove,*
*azò ke quilli k'èn tego no mangian con reo core.*
*Tanfin ke i oltri mangiano, no di' nove angoxose,*
*ma tax, on di' parolle ke sïan confortose.*
La trentottesima è questa: non raccontare storie tristi
perchè coloro che sono con te possano mangiare serenamente.
Fin che gli altri mangiano non dire cose angoscianti,
ma taci oppure di' parole confortanti.

## Evoluzione dei banchetti dal XIII al XV secolo

Se tra Duecento e Trecento le cronache ricordano che alla corte scaligera i commensali gettavano ancora sotto i tavoli gli ossi spolpati della selvaggina servita, era ormai in atto un processo evolutivo destinato a fare del banchetto il convivio per eccellenza, ossia il luogo dove si manifestavano nel Medioevo i simboli del potere e della nobiltà, si ostentavano le proprie ricchezze, si stringevano alleanze, ed in definitiva si partecipava della vita sociale.

Anche il modo di cucinare, mangiare e stare a tavola prese gradualmente a evolversi durante il XIII secolo, in concomitanza non casuale con il crescente sviluppo della civiltà dei Comuni, nella quale trovavano sempre più spazio, accanto alle vecchie consuetudini cavalleresche e guerriere, anche i valori di un'emergente borghesia urbana. Saranno soprattutto i ricchi borghesi delle città i primi a cercare nella cucina "colta" una testimonianza del loro successo sociale, e anche di una certa etica.

I banchetti venivano indetti ovunque e molto spesso: non solo per festeggiare ricorrenze liturgiche, ma anche e soprattutto per celebrare la conquista di una città, un'alleanza, un matrimonio. E persino per pura, semplice ghiottoneria. E' il caso di Papa Martino IV, la cui fama di goloso di anguille era nota ben oltre il Vaticano e motivo di satira, come vedremo nel paragrafo seguente. La carne continuava ad avere un posto privilegiato nei banchetti e sono numerose le testimonianze figurative relative ai modi della sua preparazione: nell'*arazzo di Bayeux* (Bayeux, Tapisserie de Bayeux, sec. XI), nel *Salterio di Luttrell*[32] (1340 circa) o nel *Roman d'Alexandre*[33] (1338-1344), cuochi e servitori ci vengono mostrati mentre si affannano intorno ai paioli e agli spiedi, intenti a far arrostire pezzi di carne o a disporre volatili sui piatti.

Non è possibile riconoscere in modo preciso, tramite le raffigurazioni del tempo, la qualità delle carni. Tuttavia ci si può fare un'idea di alcuni dati essenziali: certamente nei pranzi festivi abbondavano porcellini e volatili arrostiti alla griglia o allo spiedo. In una miniatura delle *Très riches heures del duca di Berry*[34] (1413-1416), si possono vedere serviti ai commensali piccoli volatili che sembrano quaglie. Nei casi di banchetti raffigurati in calendari in rapporto al mese di gennaio, una testa di maiale ricorda l'animale abbattuto durante quel mese.

Se un piatto molto ricercato per il suo valore simbolico e scenografico nel primo Medioevo era stato il pavone, carni più domestiche fanno la loro comparsa verso la fine del Duecento sulle mense reali e nobiliari: a quelle dei conti di Savoia, in occasione del banchetto tenuto nel Natale del 1274, forse anche perché l'enorme numero di persone interessate (oltre 900 tra invitati e personale di servizio, che si sfamava con gli avanzi) consigliava di ricorrere ad animali più facilmente reperibili, furono portati in tavola – secondo i registri della corte sabauda – 10 buoi, 13 maiali,

---

[32] Londra, British Library, Add. Ms 42130, c. 207v
[33] Oxford, Bodleian Library, 264, c. 170v;
[34] Chantilly, Musée Condé, 1284, c. 2, Mese di Gennaio

71 galline, 91 pernici, 70 conigli, oche, fagiani, caprioli, varia selvaggina di piccola taglia e dolciumi aromatizzati allo zenzero, il tutto condito con salse speziate e verdure di stagione, e innaffiato con grande abbondanza di vini.

A differenza della mensa del popolo, sulla tavola nobiliare erano ormai diventati scarsi i cereali e il pane: quest'ultimo era usato, come abbiamo visto, più come *tagliere* o piatto per carni che come vero e proprio alimento.

Il *Ménagier de Paris* enumera tre differenti qualità di pane: il *blanc*, il migliore; il *blanc-bis* o semi-integrale; il *bis*, pane nero riservato ai meno abbienti. Al termine del banchetto, dopo averlo inzuppato nei condimenti, il signore lo lasciava, spesso in quest'ordine, ai cani e ai poveri. La mollica entrava invece, come legante, fra gli ingredienti di parecchie salse e intingoli.

Quanto alle differenze di rango, i banchetti del Trecento contribuirono a marcarle senza possibilità di equivoco. Pietro IV d'Aragona, ad esempio, volle che a tavola si segnalassero attraverso le porzioni: *"Poichè nel servizio è giusto che alcune persone siano onorate più delle altre, secondo la condizione del loro stato"*, leggiamo negli *Ordinaciones* del 1344 *"vogliamo che nel nostro vassoio sia posto il cibo necessario per otto persone; cibo per sei sarà posto nei vassoi dei principi reali, degli arcivescovi, dei vescovi; cibo per quattro nei vassoi degli altri prelati e cavalieri che siedano alla tavola del re"*.

Nel Trecento, andarono sempre più diffondendosi le indorature delle carni e dei cibi in genere. L'oro, da sempre simbolo di ricchezza e di vittoria, diventava in questo caso ostentazione di sfarzo, di opulenza, e, visto che nell'immaginario collettivo rappresentava la ricchezza come traguardo da raggiungere, era anche messo in relazione con la felicità. Malleabile, veniva ridotto in sottilissime lamine utilizzate per ricoprire le carni.

Il pollo accapponato, cibo delle grandi occasioni per tutta la prima parte del Medioevo, diventava ancora più scenografico quando il suo piumaggio veniva ricoperto di polvere o di lamine d'oro.

Anche se già dalla fine del Duecento il *Liber de coquina* consigliava, come ostentazione di lusso, di utilizzare oro e pietre preziose per rivestire gli animali arrostiti prima di portarli in trionfo a tavola, furono comunque il basso Medioevo ed il Rinascimento i periodi delle *"vivande d'oro"*.

I cuochi-indoratori, specializzati proprio in quest'arte (ce ne erano di bravissimi che venivano da Firenze), utilizzavano con abilità lamine d'oro battute sottilissime dai battiloro o ridotte in polvere.

In Italia le dorature con il metallo si diffusero soprattutto nell'Italia settentrionale, e in particolare nell'area veneta e veneziana, nel corso del Quattrocento e nel Cinquecento.

A Venezia, la doppia funzione dell'oro, simbolo di ricchezza e di medicamento, divenne evidente: si usava servire a fine pranzo dei confetti ricoperti di foglia d'oro con lo scopo di rinforzare il cuore e proteggersi dai reumatismi. Se tra le specialità dolciarie veneziane erano famosi i *bussolai*, impastati con l'oro dalle monache cistercensi della Celestia, nella Padova cinquecentesca il consiglio cittadino arrivò a stabilire che durante i banchetti nuziali non potessero essere servite più di due portate con l'oro.

Non sempre però si usava il prezioso metallo: la doratura poteva essere ottenuta anche ricorrendo ad ingredienti che conferissero un bel colore giallo intenso, in primis lo zafferano, utile in carni, gelatine, verdure, salse e persino nelle figure di zucchero. Spesso una doratura più accesa veniva creata spalmando arrosti di carne, selvaggina, pesci o torte salate con tuorli d'uovo, eventualmente rinforzati a loro volta con lo zafferano.

Zavattari, banchetto delle Nozze di Teodolinda, rievocante il banchetto nuziale
di Francesco Sforza e Bianca Maria Visconti,
affreschi della Cappella di Teodolinda nel Duomo di Monza (1444)

Per quanto riguardava i banchetti indetti per celebrare
matrimoni, le leggende che attribuiscono a quelli eccellenti
l'invenzione di nuovi cibi (il *"torrone"* sotto forma di Torrazzo a
Cremona, nel 1441, per le nozze tra Bianca Maria Visconti e
Francesco Sforza; le *"tagliatelle"* come formato di pasta atto a
celebrare i lunghi capelli di Lucrezia Borgia, sposa nel 1502 ad
Alfonso d'Este) indica, al di là della loro stessa veridicità, che è
con il tardo Medioevo e soprattutto con il Rinascimento che si
afferma l'opulenza del banchetto nuziale, preparato e recitato come

rito di fecondità e ricchezza. Tra superstizioni (i convitati non dovevano mai essere in numero dispari), e auspici di fertilità (presenza di melograni, cornucopie e altri simboli equivalenti), vi venivano serviti cibi afrodisiaci e create composizioni e sculture dolci, spesso a base di zucchero e confetti (auspicio di un dolce futuro).

Nel primo Medioevo era invece uso popolare lanciare alla sposa dei chicchi di cereali grezzi, e limitarsi a dolci di frutta secca e a biscotti di farina d'orzo o di grano portati in dono dagli invitati: anche in seguito, si mantenne la consuetudine di ammucchiare biscotti ed altri dolcetti portati dagli invitati per formare un cumulo, alla cui altezza sarebbe corrisposta idealmente la futura prosperità e felicità dei coniugi. Probabilmente, la moda aristocratica di creare grandi costruzioni architettoniche come torri e torrioni (il già citato Torrazzo cremonese fatto di torrone, al banchetto visconteo-sforzesco del 1441) era un'elaborazione di questa forma augurale. La torta nuziale a più piani, così come la conosciamo oggi, si sarebbe diffusa solo a partire dal Seicento francese.

## I ricettari di cucina e i nuovi linguaggi alimentari

Il Trecento è il grande secolo dei trattati di cucina, che, oltre a definire nuove regole di comportamento, l'arte del banchetto e del ben ricevere, riportavano numerosi ricettari riferiti all'esperienza culinaria del luogo e del periodo di compilazione.

Modello di riferimento è, in primo luogo, il *Liber de coquina*, composito e di origine controversa, attribuito originariamente da Marianne Mulon alla cucina dei re angioini di Napoli della fine del Duecento, e più di recente dalla storica Anna Martellotti ad un'opera incompiuta della corte siciliana di Federico II. Redatto in latino, rimaneggiato e copiato anche in versione italiana nei due secoli successivi, consiste di due parti indipendenti citate principalmente come *Tractatus* (prima parte) e *Liber de Coquina* (seconda parte) e comprende libri italiani di cucina coeva o antecedente (*Anonimo Meridionale*, *Il libro della cocina* o *Anonimo Toscano*, *Il libro per cuoco* o *Anonimo Veneziano* o

*Anonimo Veneto*, oltre a un frammento di un altro libro di cucina del secolo XIV).

In ambito europeo, il Trecento vede la nascita di ricettari come il *Viandier*, del celebre cuoco Guillaume Tirel detto Taillevent (primi decenni del secolo, corte dei re di Francia), *Das Buoch von guoter Spise* (1350 circa, usi di corte del vescovo di Wurzburg), *Forme of Cury* (datato al 1390 circa, usi della corte reale inglese). Dei primi decenni del secolo seguente è poi il *Du fait de cuysine*, di Maître Chiquart (1420, corte dei duchi di Savoia).

Il fatto che i ricettari vedessero la luce nell'ambiente delle corti europee e si avvalessero dei *Tacuina*, trattati derivati da antichi erbari a scopo medico, indicando norme igieniche ed esaminando le qualità dei cibi, è la prova della forte evoluzione della materia culinaria dal Trecento: la distinzione sociale, fondata nel Medioevo principalmente sulla quantità del cibo a disposizione, si andò trasformando, in prossimità dell'epoca rinascimentale, in differenza stabilita dalla qualità degli alimenti.

Il passaggio da una nobiltà "di fatto", conquistata con la forza fisica sul campo, ad una nobiltà "di diritto" acquisita per via ereditaria, fece affermare un nuovo modo di concepire la cucina e i convivi. L'importante non era più consumare obbligatoriamente più cibo degli altri commensali, ma averne a disposizione di più sulla tavola, per poi distribuirlo a compagni, ospiti, servi e cani. D'altra parte, il linguaggio alimentare sviluppò un contenuto sempre più scenografico e le già presenti caratteristiche di sfarzo, ricchezza, esibizione sociale vennero applicati nei cerimoniali di corte in modo sistematico.

Nel Quattrocento, infatti, la successione delle portate appare decisamente più codificata: se nel Trecento si poteva ancora iniziare un banchetto con le carni o con i dolci, come nei grandi banchetti viscontei, nel secolo seguente lo stile dei signori divenne più raffinato e nella successione delle portate si impose la norma (per la verità ancora non generale) di assumere prima i piatti più facilmente digeribili e poi, man mano, quelli di più difficile digestione. Era infatti consigliato iniziare il pasto con insalate all'agresto e frutta fresca.

Inoltre, a causa di sostanziali cambiamenti nella società e nell'economia, compreso lo sviluppo dell'allevamento bovino, nel tardo Medioevo si ebbe una piccola rivoluzione alimentare: l'aumento dell'utilizzo del latte, e dei suoi derivati anche nella dieta dei ricchi, in particolare nelle salse, a cui conferiva un sapore più delicato, e la sua comparsa sotto forma di burro al posto dell'olio nei giorni di magro. Contemporaneamente il consumo di latte di capra e di pecora, e i loro derivati, subirono una flessione.

I due maggiori trattati di arte culinaria del Quattrocento, scritti in volgare e da due lombardi, il *Libro de Arte Coquinaria* (1450-1460) di Maestro Martino de' Rossi, e il *De honesta voluptate et valetudine* di Bartolomeo Sacchi detto il Platina, diffuso a stampa dal 1474, sono in pratica già testi di dietetica, igiene alimentare e, come diremmo oggi, di civiltà della tavola. Martino, migliorando ed adeguando al suo tempo i gusti del passato, che non rinnegava, scrisse un manuale da professionista, con minuziose ricette, definizioni dei doveri del cuoco e descrizioni degli ambienti della cucina; Platina esaltò soprattutto la concezione filosofica e sanitaria del piacere "onesto" del cibo, il cui scopo prioritario diveniva il mantenimento della buona salute. Platina affermava che non c'era ragione di seguire i gusti del passato, perché quelli contemporanei erano migliori; dichiarava inoltre di aver scritto la sua opera per *"giovare ad un uomo morigerato che aspiri alla buona salute e ad un'alimentazione decorosa"*.

Il cibo diventava dunque una sorta di medicina e andava consumato secondo il proprio stato di salute: per trarre da esso giovamento e stare sani, bisognava nutrirsi a seconda della propria costituzione "umorale". Il trattato del Platina prendeva ispirazione dalle teorie diffuse da Epicuro e da Apicio, oltre che dall'antica e gloriosa teoria dei quattro umori di Ippocrate e Galeno, sulla quale si basava tutta la medicina del tempo. Platina codificò il modo di fare cucina di Maestro Martino e vi associò suggerimenti per un'efficace presentazione dei piatti.

Si soffermò sull'ordine delle portate del pasto principale, quello serale, raccomandando di iniziare con frutta, leggera e facile da digerire; di procedere con verdure, cotte e crude, e confetti ricoperti di spezie; di continuare con minestre, carni, torte, frittelle, uova, e poi ancora frutta, fresca e secca, che aveva l'importante funzione di seccare, con la sua acidità, gli umori formatisi nello stomaco; di concludere con formaggi stagionati, che a livello gastrico svolgevano l'utile funzione di "tappo" ed evitavano reflussi.

Per quanto riguardava la carne di pavone, che pure, come abbiamo visto, era stata molto apprezzata nel periodo precedente, e della quale il Platina stesso dava nel *De honesta voluptade* una ricetta, veniva bocciata per seri difetti: *"... è lenta da digerire, poco nutriente, fa crescere la bile nera e nuoce a chi soffre di fegato e di milza..."* [35].

La visione speculare tra la struttura gerarchica della natura e quella della società, nel corso del Quattrocento cristallizzò il concetto che esistevano cibi per i ricchi e cibi per le classi inferiori, sostenuto anche dai ricettari di cucina. Mangiare secondo la qualità delle persone significava scegliere i cibi adatti allo stato sociale dell'individuo, alla sua posizione gerarchica, che era una qualità immutabile, una condizione definita e rigida.

La dieta dei potenti era ancora e sempre costituita in particolare dalla carne, simbolo del privilegio sociale, mentre quella dei ceti inferiori, specie dei contadini, stava diventando sostanzialmente vegetariana.

---

[35] *Il piacere onesto,* VI, 150

# Grandi banchetti e banchettatori del Duecento e del Trecento

## Martino IV, il "Papa ghiottone"

> *"...E quella faccia*
> *di là da lui più che l'altre trapunta,*
> *ebbe la Santa Chiesa in su le braccia:*
> *dal Torso fu, e purga per digiuno*
> *l'anguille di Bolsena e la vernaccia"*[36]

Così scrive Dante nella Divina Commedia, ponendo il Pontefice "ghiottone" Martino IV tra i golosi del Purgatorio. Martino IV, al secolo Simon de Brion nato nel 1220, fu incoronato papa per volere di Carlo d'Angiò nel 1281 ad Orvieto e risiedette a Montefiascone. E' passato alla storia più per l'appetito che per l'impegno pastorale: fu ghiotto in particolare di anguille del lago di Bolsena, che le testimonianze dicono lasciasse annegare nel vino di vernaccia, per poi mangiarle dopo averle fatte arrostire. Iacopo della Lana lo dipinge così: *"Fu molto vizioso della gola e per le altre ghiottonerie nel mangiare ch'elli usava, faceva tòrre l'anguille dal lago di Bolsena e quelle faceva annegare e morire nel vino alla vernaccia..."*.

Non va scordato che nel Medioevo l'anguilla rappresentava, per la sua forma di serpente, uno dei simboli del peccato originale, ed era quindi una ghiottoneria scandalosa per un Pontefice...

Martino IV morì nel 1285, secondo alcuni storici per la grassezza e l'indigestione di pesce del lago di Bolsena. Per un antico e rigoroso cerimoniale, persino la sua salma sarebbe stata lavata con vernaccia riscaldata e aromatizzata d'erbe segrete specialissime dal farmacista pontificio.

---

[36] Dante Alighieri, *Divina Commedia*, Purgatorio, Canto XXIV, vv.19-24

In realtà, c'erano motivi collegati alla teoria medica umorale per cuocere, se non proprio annegare, anguille e lamprede in vino o aceto. I gradi eccessivi di freddezza o secchezza di alcuni cibi li rendevano pericolosi per il consumo da parte degli uomini, a meno che non si prendessero contromisure. La lampreda, come ogni tipo di anguilla, era apprezzatissima, ma definita dai medici *umida e fredda* in secondo grado, quindi di temperamento marcatamente flemmatico: si riteneva che la strategia per combatterlo dovesse cominciare nel momento in cui la lampreda veniva uccisa, tenendola immersa nel vino, in modo che questo liquido *caldo e secco* (al secondo grado) potesse penetrare in tutte le parti del pesce e dare inizio immediatamente al processo necessario per temperare le sue qualità indesiderabili.

Il medico Maino de' Maineri metteva già in guardia sulla lampreda, nel suo *Liber regiminis sanitatis,* scritto nella quarta decade del Trecento: *"Con tutto il rispetto dovuto agli appassionati della lampreda, questo pesce è molto pericoloso, anche se in bocca è saporito. Esso è nell'acqua l'analogo del serpente sulla terra e perciò si deve temere che sia velenoso... E così, a causa della sua viscosità, è bene che essa venga immersa ancora viva nel vino migliore e vi rimanga finché è morta, poi che venga preparata con una galantina fatta con le spezie migliori, proprio come i cuochi dei grandi signori sanno di doverla preparare. Io raccomando inoltre che prima sia bollita due volte in vino e acqua e poi cotta a puntino...".* Il trattamento successivo della lampreda morta comportava invariabilmente una cottura arrosto *calda e secca* e l'aggiunta di erbe o spezie calde e secche. Più o meno per le stesse ragioni, si raccomandava che in alternativa le anguille venissero uccise seppellendole nel sale.

Tornando ai banchetti e restando nell'ambito papale, sotto il pontificato di Bonifacio VIII, al secolo Benedetto Caetani, succeduto nel 1294 a Celestino V, i convivi raggiunsero uno sfarzo spettacolare: sulle tavole non mancavano i cucchiai o le *"furcelle"* (forchette a tre rebbi) ed erano tutti d'oro, come le saliere e le salsiere, mentre coppe o bicchieri erano intagliati nelle pietre dure.

Durante i lussuosi ricevimenti, il Papa sedeva ad un tavolo sopraelevato, per far comprendere a tutti la superiorità del suo ruolo. Dai registri delle spese della corte pontificia, è possibile scoprire che Bonifacio mangiava carne ben quattro volte la settimana e che le sue leccornie preferite erano maiali, capretti, agnelli. Il pesce, preparato in mille ricette, arrivava in tavola tutti i giorni di magro e le spezie venivano comprate in grosse quantità.

Uomo colto e preparato, Bonifacio VIII si circondò di qualificatissimi cuochi, panettieri, bottiglieri, speziali: la loro responsabilità era grandissima, perché il Papa viveva nel terrore di essere avvelenato. I bottiglieri, infatti, prima di servire le bevande le assaggiavano davanti a lui, mentre i capocuochi aspettavano, prima di porgergli il piatto, di ricevere "*l'assazum*", strumento che serviva per l'assaggio degli alimenti al fine di verificarne la non tossicità.

Hieronymus Bosch, I sette vizi capitali, la gola (1500 circa)

## Papi avignonesi

Tra il 1309 e il 1377, sette papi risedettero ad Avignone, praticamente sotto il controllo della monarchia francese. In città i Papi vivevano nel fasto e organizzavano grandi convivi. A titolo di esempio, citiamo il caso di Clemente VI, al secolo Pierre Roger, papa per dieci anni dal 1342: alla sua nomina seguì un banchetto eccezionale, con ecatombe di buoi e vitelli (200), montoni (oltre 1000), capponi (oltre 3000), capretti, maiali, polli e galline (oltre 11.000), lucci e storioni, e si consumarono 102 botti di vino.[37]

Il pranzo si compose di nove servizi, ognuno di tre piatti, ossia di un totale di ventisette pietanze. Dopo il quinto servizio, fu

---

[37] *Introitus et exitus*, Vol 195, Archivio Vaticano

portata una fontana sormontata da una torre e da una colonna da cui sgorgavano cinque specie di vino. Le pietre di questa fontana erano guarnite di pavoni, di fagiani, di pernici, di gru e di diversi altri volatili. L'intervallo fra il settimo e l'ottavo servizio fu occupato da un torneo che ebbe luogo nella sala medesima del festino. Alla fine del pranzo furono portati due alberi, l'uno che sembrava d'argento, guarnito di mele, pere, fichi, pesche e uva, l'altro verde come l'alloro, guarnito di frutti canditi multicolori. Ci fu un concerto e il capocuoco, accompagnato da trenta sguatteri, diresse le danze. Quando il Papa si fu ritirato nei suoi appartamenti si portò il vino con le spezie. La giornata terminò con una farsa che fece divertire molto i prelati.

Passando dall'ambiente religioso a quello laico, per comprendere la varietà e il grado di raffinatezza raggiunte dai cibi alla corte angioina, è interessante leggere un passo da *"Le roman du comte d'Anjou"* di Jean Maillart, scritto all'inizio del Trecento. Non a caso gli studiosi attribuiscono la genesi della più sistematica raccolta di ricette e di consigli di cucina del Medioevo, il *Liber de coquina*, proprio all'ambiente angioino ed ai suoi ricercati cuochi: *"Quando vivevo con mio padre mangiavo pietanze rare e delicate, capponi arrosto, paperi, pollastre, cigni, pavoni, pernici, fagiani, aironi, tarabusi saporiti, e cacciagione d'ogni sorta, cervi, daini, lepri, cinghiali che abbondano nelle foreste dell'Angiò e tutta la selvaggina che ci si può sognare; e quando lo desideravo avevo altresì in abbondanza i migliori pesci di tutto il paese: storioni, salmoni, passere di mare, gronghi, merluzzi, triglie, grossi rombi, grassi sgombri, naselli, aringhe fresche, lamprede, cefali, sogliole; mangiavo tutti i pesci di stagno e di fiume, cucinati ognuno con gran cura secondo la sua natura e le norme della cucina, col pepe, con la salsa di spezie, con l'aceto; avevo lucci in gelatina, carpe cotte in vari modi; avevo pasticci di trote, lasche e grosse anguille arrostite, marinate nell'agresto o passate alla griglia [...] Mangiavo cialde, focacce dolci, torte di formaggio o alla frutta, sformati alla crema, vassoi di pasticcini al midollo di bue fritto, mele alle spezie, budini, frittelle, bignè; bevevo vini rari, ippocrasso o delizioso vino cotto con miele e spezie, vino profumato allo zenzero, alla rosa o a svariati aromi, vini di Guascogna dal ricco colore, vini di Montpellier, di La Rochelle, di Castiglia, della Baune e di Saint-Pourçain, che i fortunati dicono far bene alla salute, di Auxerre, dell'Angiò, di Orléans...".*

Un'altra fonte letteraria coeva, *"Il Saporetto"* di Simone Prudenziani (o Pudenziani), poeta e cuoco vissuto ad Orvieto, dà un'idea della raffinatezza raggiunta dalle tavole italiane:

> *"Tortelli in scutella e bramangeri*
> *suppa francesca, lasagne e 'ntermesso*
> *raviol prima e poi ce vennr 'l lesso*
> *polli, somata, segnali e pevieri*
> *Poi capriuoli e lepori in civieri*
> *tordi, piccioni, starne arosto apresso*
> *cum vin vermigli et arance cum esso*
> *poi palmiscione, tartare e pastieri.*
> *Bianchi savori, verdi e camelli*
> *composta, olive conce qui se ne pone*
> *per far nostri apetiti agusi e fini.*
> *pere cotte e tragea quivi sone*
> *uva passa, mele appie e nocelline*
> *poi anace, confetta e 'l ciantellone"[38]*

## Banchetto nuziale per Violante Visconti e Lionello d'Inghilterra (1368)

Il 15 giugno 1368, in occasione del matrimonio tra Violante, figlia di Galeazzo II Visconti, e Lionello d'Inghilterra, duca di Clarence, ebbe luogo un favoloso banchetto, che fece epoca per la raffinatezza dei cibi e la ricchezza dei doni offerti, e che può dare

---

[38] *Somata* – lonza di porco sotto sale; *senali* – cinghiali; *pevieri o pivieri* – uccelli della famiglia dei trampolieri; *composta* – conserve di frutta; *tragea o trasea* - confetti minutissimi; *ciantellone* – bicchiere di vino

un'idea di come si era evoluta l'idea di banchetto medievale dagli inizi.

Secondo il resoconto degli storici dell'avvenimento[39], le mense in realtà furono due. Nella prima sedeva lo sposo seduto accanto a cavalieri e nobili, fra i quali c'era anche Francesco Petrarca. All'altra mensa, presieduta da Regina della Scala, sedevano le donne, le quali portarono in tavola i piatti alla prima mensa, cioè cinquanta per ciascuna portata. Nelle sale dell'Arengario vennero disposti cinquanta taglieri sui tavoli rialzati destinati agli sposi. Le portate furono ben diciotto, ciascuna duplicata, in quanto composta di due vivande, una a base di carne e un'altra a base di pesce, e corredata da un dono personale per ogni convitato.

Il pranzo si aprì con le portate di carne ricoperta di foglie d'oro, poi vennero pesci, fagioli e verze, gelatine e per finire formaggi (giuncate e panera che giungevano dalla campagna sulle acque del Naviglio). Il Corio scrisse che vennero serviti storioni ricoperti con una sottile foglia d'oro e la profusione d'oro a scopo decorativo non risparmiò quaglie, pernici, anatre, carpe, trote e neppure un vitello intero.

Per quanto riguarda la sequenza delle portate è da notare che solo trent'anni dopo, in occasione del banchetto per la nomina a duca di Gian Galeazzo Visconti, la moda era già cambiata e la prima portata, come ricorda ancora il Corio, fu composta da dolci di marzapane, seguiti da *"pollastrelli con sapore pavonazzo, due porci e due vitelli dorati, capretti interi, capponi, pollastri e persutto...., lepori interi, pavoni quattro cotti e vestiti, orsi due con sapore citrino, cervo intero dorato, daino e caprioli dui con gallatina...qualie e pernice con sapore verde .. poi acqua alla mano con delicati odori, pani inargentati, limoni syropati"* e si ricominciò con *"pesce arrostito, lamprede, piattelli di anguille, trute con sapore nero, indi torte grande verde, mandorle fresche, vino legiero e persiche"*. Per la prima volta in questo banchetto

---

[39] B. Corio, *Historia di Milano, Vol II* – Bonamente Aliprandi, *Aliprandina (Cronaca di Mantova)*, Lib.II cap.II

vennero descritti gli abbinamenti vino-cibo e perciò vino bianco da accompagnare ai dolci, vino greco con le carni, malvasia con il pesce.

Tornando al banchetto visconteo del 1368 per le nozze di Violante e Lionello, ancora una volta una testimonianza letteraria, l'*Aliprandina*, cronaca di Mantova di Bonamente Aliprandi, ci viene in aiuto per avere un'idea precisa non solo del cibo, ma anche delle creazioni spettacolari e della successione delle portate, che si alternarono alle presentazioni di stupefacenti doni per gli sposi e per i commensali: capi di vestiario ricamati di perle e foderati di ermellino, svariati animali per le cacce, come segugi e levrieri dai collari preziosi, leopardi dai guinzagli di seta, falconi, cavalli. Gran parte delle vivande erano dorate. La prima imbandigione era costituita da due porcellini dorati che mandavano fuoco dalla bocca, la seconda presentava lepri dorate con lucci, la quarta era composta di quaglie e pernici, ovviamente dorate, accompagnate da trote arrostite. La nona imbandigione invece offriva gelatine di carne e di pesce, per finire, via via, con le ultime portate di giuncate, formaggi e frutta…

*[...] Dirò l'imbandigione.*
*La prima porcelletti si se dava;*
*erano tutti d'intorno dorati,*
*e per la bocca foco si mostrava.*
*Presso l'imbandigion fur presentate*
*dui leopardi con collar di velluto,*
*corde di seta, e le fibbie dorate.*
*Appresso un altro dono compiuto,*
*cobbie dodici di sausi presentava:*
*più belli cani non fu mai veduto.*

Collari bei con fibbie ch'allacciava
quattr'a copia; corde di seta avia.
Messere Lionello molto li guardava.
Seconda imbandigion che si dasia,
lepori dorati, e luzzi dorati
sulle tavole metter si facia.
A quella imbandigion fur presentati
cobbie sei di leprieri correnti,
collar di velluto, fibbie dorati;
sopra li collari spranghe lucenti,
li lassi di seta tutti si avia,
fibbie dorate, et erano d'argenti.
Ancor sei astor presentar facia:
lacci di seta con botton dorati;
l'arma di messer Lionello avia.
A la terza imbandigione portati
vitello e trote, che dorati era,
e sei cani alani fur presentati.
Ancora sei stivieri in una schiera,
tutti collari di velluto avia
fibbie dorate, corde di seta nera.
A la quarta imbandigion si dasia
pernici e quagli, ch'erano dorate,
e temoli dorati seco avia.
Sparvieri dodici fur presentate.
Fornimenti a seta gli adornava,
sonagli d'argent erano dorate.
Ancor cobbie dodici presentava
di bracchi, ch'erano tutti ben forniti,
lacci di seta, collar gli adornava.
Alla quinta imbandigion non smarriti
anitre e cisoni tutti dorati,
carpani seco d'oro eran falciti.

*Falconi dodici fur presentati,*
*cappellett di vellut con perle avia,*
*bottoni e maitti d'argento dorati.*
*A la sesta imbandigion si dasa*
*carne di bue con grassi capponi,*
*sapor d'agliata con seco facia.*
*Anche appresso si le diede sturioni.*
*Poi dietro questo si gli presentava*
*di fino acciar dodici pancieroni.*
*Messer Lionello molto li guardava:*
*le mazze e fibbie d'argento dorati;*
*piacevagli forte e molto li lodava.*
*Ancor la settima imbandigione*
*vitello e capponi con limonia,*
*con quell'appresso di grossi tincone.*
*Appresso presentar se gli facia*
*arnesi dodici lance seco avia.*
*Anche presentate dodici selle,*
*avean i fornimenti tutti dorati:*
*niente mancava lor a farli belle.*
*L'ottava imbandigione fur portati*
*i pastelli de la carne di boe,*
*con formaggio e con zucchero impastati.*
*Ancora anguille si gli davan poe,*
*fatte in pastelli, et eran zuccherati,*
*con buone specie, ch'a que' non mancoe.*
*Dietro a questi furon presentati*
*fornimenti dodici, armi da guerra,*
*tutti compiti, riccamente agiati.*
*Erano forniti dove li se serra*
*con fibbie e mazze d'argento dorate,*
*coperte di velluto e seta berra.*

Alla nona imbandigione portate
e carni, e polli, e pesci, e gelatina;
poscia dietro gi furon presentate
pezze dodici tutti d'oro fina,
e dodici di seta colorati:
in quelle si fu una di sta albina.
La decima imbandigione, portati
carni in gelatina saporita
con lamprede ben grosse avantaggiati.
Per ognuno si fu molto gradita
poi appresso ancor se gli donava
due bottazzi di buon vin fornita.
Ancora sei bacini presentava,
e sei bronzini d'argento dorati:
per gran piacere ognuno li guardava.
L'undecima imbandigione portati
li capretti e li pavari arrostiti
con seco agoni: furon delicati.
Appresso sei corsieri ben forniti
con selle di fornimenti dorati,
e lancie sei con buon ferri puliti.
Ancora targhe sei fur presentati,
pinti all'arma di messer Lionello,
e sei cappelli d'acciai ben sgurati.
Ancora gli fu donato un cappello
fornito di perle, tut lavorato.
Non se ne vide mai uno più bello.
La duodecima imbandigion portato
le lepori e i caprioli in sapore,
con pesce acinerio zuccherato.
Appresso a questo presentò allore
sei gran corsieri con selle dorate,
fornimenti tutti dorati ancore.

Sei lance e sei targhe fur portate,
cappelli sei d'acciaro travisati,
furono questi dagli altri nominate.
Li fornimenti erano tutti dorati.
L'arma di messer Lionello avia.
Più degli altri furono avantaggiati.
Nella decimaterza imbandigione
carni di bue e di cervi portate,
con sapore di zucchero e limone.
Appresso tinche grosse rovesciate
con altri pesci che li si portava;
poco di quelle se ne fur mangiate.
Dietro questo sì se presentava
sei destrieri con le briglie dorati,
con capezze verde che gli adornava.
Avevano le coperte molto ornati,
di velluto verde era suo colore,
forniti di seta molto dorati.
Nella quartadecima imbandigione
tinche grosse rinversate s'avia,
pollastri rossi e verdi, e ancor cappone;
poscia presentato gli venia
destrieri sei da giostra molto grandi,
le briglie in testa dorate s'avia.
Coperte di vellut rosso con bandi,
et bottoni, con fiocchi avia dorati,
ornate d'opra con bellezze grandi.
Nella quintadecima imbandigione
piccioni, verze, fagioli dasia,
lingue salate, e ancora carpione.
Dopo questo presentato venia
un cappuccio, et anche uno giuppone
lavorato a fiori, di perle avia.

*Anche un cappuccio, e mantel da barone*
*tutti con perle erano lavorati,*
*et a compassi fatti con ragione.*
*E d'Armellino si erano fodrati,*
*vestimenti eran di grande valore,*
*e per ciascuno fur molto lodati.*
*Nella decimasesta imbandigione*
*conigli, pavoni, cisoni dato,*
*anguille rostit: sapor di citrone.*
*Un bacinon d'argento presentato,*
*un firmaio di diamante e rubino,*
*con una perla gran valor stimato.*
*Quatto cinti belli d'argento fino,*
*dorati erano, e que' si presentava.*
*Fu tenuto bel dono e pellegrino.*
*La settedecim imbandigion dava*
*giuncato e formaggio avantaggiato;*
*dodici bovi grassi presentava.*
*La diciotto imbandigion fu dato*
*di fratti belli di molta ragione:*
*dopo questo ciascun s'ebbe lavato.*
*A tutte le donne et a i barone*
*molti buon vini si se presentava.*
*Ancora appresso buone confezione.*[40]

## Quando la cucina di magro diventava sontuosa e raffinata: il banchetto nuziale per Maria di Borgogna e il futuro Amedeo VIII di Savoia (1403)

Nel 1403, in occasione del matrimonio tra la figlia del duca di Borgogna, Maria, e il conte di Savoia Amedeo, futuro Amedeo VIII, fu indetto un grandioso banchetto della cui preparazione

---

[40] *Aliprandina, sive Chronicon Mantuanum Poema Bonamenti Aliprandii,* Lib. II, cap.II. M.An. Tom.V

venne incaricato il cuoco di corte Maître Chiquart. Il convivio si svolse il venerdì e il sabato, giorni teoricamente di magro.

**Miniatura di banchetto nuziale,**
**codice dell'Histoire d'Olivier de Castille et d'Artus d'Algarbe,**
**Bibliothèque Nationale de France, Parigi, Ms FR 12574 (sec XV)**

Il cuoco sabaudo rievocò in questo modo, anni dopo, le portate per i pranzi e le cene di quelle due giornate rese ugualmente sontuose con ricette raffinatissime, fantasiose creazioni, cibi in maschera ed *entremets: "Nell'anno di grazia 14..., il mio potente signore, Amedeo, primo duca di Savoia, ricevette il signore di Borgogna e poiché io, Chiquart, che ero cuoco a quell'epoca, svolgendo il mio dovere, preparai e ordinai di preparare diversi piatti degni di nota per i pranzi e le cene di quel banchetto, ordinai, feci e feci fare per ordine del mio suddetto potente signore, alla prima portata del pranzo del primo giorno, e comandai di scrivere, ciò che segue, vale a dire:*

### Primo servizio

*Prendete un grande pesce salato, del tipo delle triglie salate, insieme a grossi pezzi di filetti di luccio sotto sale e diversi altri pesci sotto sale e metteteli in bei piatti; poi, insieme a loro, mettete aringhe in un altro bel piatto da sole; per tutto ciò che è stato citato già non è necessaria nessuna altra salsa se non mostarda.*

*E un passato di piselli e un passato di verdure sarà la minestra per quella portata; inoltre un Brodo Bianco di mandorle sul pesce fritto, un Brodo Tedesco, anguille in salsa bruna (Sorengue) e le crostate e trippa di pesce pulita con cura e preparata per fare una torta alle erbe (Arbaleste).*

*Come entremets dopo il primo servizio, luccio cotto in tre modi, vale a dire il centro, fritto, il terzo che comprende la testa, bollito e il terzo della coda, arrostito; inoltre un altro luccio bollito al centro, arrostito alla testa e fritto alla coda; e poiché il detto pesce è chiamato "luccio pellegrino in glassa", i due lucci dovranno avere sopra una buona lampreda arrostita che sarà il bastone di quei pellegrini, e se non avete lamprede, usate anguille.*

*Il bastone, vale a dire la lampreda, dovrà essere mangiata con salsa di lampreda, e l'anguilla con salsa verde all'aglio con agresto; la parte bollita del luccio dovrebbe essere mangiata con salsa verde, la parte fritta e quella arrostita con agresto verde o con arance. E la trippa di pesce, ben pulita e ben preparata, per metterla in un'arbaleste, e questa trippa dovrebbe essere servita prima degli entremets.*

### Al secondo servizio

*Per prima cosa procurarsi ogni tipo di pesce di mare disposto in grandi piatti d'oro; poi pesci di acqua dolce: grossi filetti di luccio, grossi filetti di carpa, grandi trote, gadi freschi, lasche, grandi filetti di carpione, grossi pesci persici e altri pesci, lamprede in salsa di lampreda, una salamine[41], un petto giallo di tinca lardellata bollita, con zuppe, riso e "selvaggina" di delfino e gamberi in aceto. Le salse appropriate per questi piatti non è necessario menzionarle.*

*Come entremets, torta alla parmigiana ognuna dorata e guarnita con le armi del signore davanti al quale è posta.*

**Per la cena**

*Primo: piccoli lucci arrosto e gade arrosto e ogni altro pesce arrosto indicato; essi vengono serviti con agresto verde di acetosa e zuppa bianca di mandorle con pece in gelatina, pesce di mare bianco e pesce di acqua dolce bianco, piccoli pasticci, cipolle fritte e pesce fritto in Saupiquet (salsa piccante).*

**Per il giorno dopo**

*Per il primo servizio del pranzo: piselli passati e rape, brodo George, un piatto salato di aringhe da sole su un bel piatto, anguille, trote e gado sotto sale, brodo violetto su pesce fritto, una vinaigrette di trippa di pesce su pesce fritto, un Brodo Genesta (giallo) su pesce fritto.*

*Il secondo servizio: ogni tipo di pesce bianco, o pesce di mare o pesce di acqua dolce, un biancomangiare festivo di quattro colori, oro, blu, argento e rosso insieme ad agresto giallo con pesce, riso, piccoli flan di mandorle, galantina di lampreda, gamberi e brodo di Savoia.*

*Per la cena: prima pesce bianco, pasticcio, zuppa verde, Brodo del Re, salsicce di trippa di pesce, polpette glassate, un chaudumel[42] e un brodo camellino.[43]*

---

[41] *Salamine* – probabilmente una salsiccia di pesce affumicato

[42] *Chaudumel* – preparazione di pesce in salsa di piselli e pane ammollato, passata ed aromatizzata con spezie

[43] *Du fait de cuysine*, pp.116-119

# Bibliografia

- T.Scully, *L'arte della cucina nel Medioevo*, Casale Monferrato, 1997
- E.Faccioli, *Arte della cucina. Libri di ricette, testi sopra lo scalco, il trinciante e i vini dal XIV al XIX secolo* Milano, 1966, 2 voll.
- E.Faccioli, *L'arte della cucina in Italia: libri di ricette e trattati sulla civiltà della tavola dal XIV al XIX secolo*, Torino, 1987
- M.Montanari, *Convivio: storia e cultura dei piaceri della tavola dall'antichità al Medioevo*, Roma, 1989
- G.Rossanigo-P.L.Muggiati, *Amandole e Malvasia per uso di corte*, Milnao, 1998
- A.Capatti-M. Montanari, *La cucina italiana. Storia di una cultura*, Roma-Bari 2006
- R.Omicciolo Valentini, *Mangiare medievale*, Latina, 2005
- M. Rinaldi-M.Vicini, *La storia è servita: vizi e virtù nel piatto dei grandi della storia*, Milano, 1996
- Donizone, *Vita di Matilde di Canossa - Edizione, traduzione e note di P. Golinelli*, Milano, 2008
- F.P.G.Guizot, *Des faits et gestes de Charlemagne - Vie de Charlemagne par Eginhard*, in *Collection des Mémoires rélatifs à l'Histoire de France*, Paris, 1824
- F.Gregorovius, *Storia della città di Roma nel Medioevo*, III, Roma 1901

## Fonti in rete
- http://www.milanesiabella.it/bonvesindalariva_dequinquagintacurialitatibusadmensam.htm
- http://www.taccuinistorici.it
- http://www.oldcook.com

- P.Mane, *Enciclopedia dell'Arte medievale, Treccani,* voce "banchetto"
- http://www.treccani.it/enciclopedia/banchetto_%28Enciclo pedia-dell%27-Arte-Medievale%29/
- Francesco La Manna, *L'alimentazione in età longobarda alla luce dell'archeologia*
- http://www.academia.edu/4325150/Lalimentazione_in_eta_lo ngobarda_alla_luce_della_archeologia

Nata a Milano, dove ha seguito studi umanistici, Laura Malinverni vive a Novara.

Si interessa da vent'anni di ricerca storica del Quattrocento e del Cinquecento e ha pubblicato tre romanzi di genere, che narrano storie al femminile ambientate nel ducato di Milano, basandosi sullo studio delle corrispondenze originali: *"Una storia del Quattrocento"* (2000), *"Il ramo di biancospino"* (2006, Robin Edizioni) e *"La tigre e l'ermellino"* (2013, Prospettiva Editrice). Nel 2011 ha vinto con il romanzo breve *"La ruota della fortuna"* il Premio Nazionale "I cento castelli". Ha pubblicato una raccolta giovanile di poesie con il titolo *"Il sole e la luna in sintesi"* (2004) e di recente *"Kairos-Tempo critico"* (2015, ETS).

Collabora con vari siti web storici, è titolare di un sito web (lauramalinverni.net) che informa sulle sue ricerche e di una pagina Facebook dedicata alle vite delle donne del Medio Evo e del Rinascimento. Si interessa anche di fotografia, di cucina e di storia della cucina. Parte dei suoi studi sull'alimentazione medievale confluisce sul sito https://lauramalinverni.wordpress.com. Tiene conferenze di storia dell'astrologia e scrive per testate nazionali e pubblicazioni specialistiche di carattere astrologico (Astra, Sestile, Linguaggio astrale).